Antonio Carlos Ascar &
João Carlos de Oliveira Junior

HISTÓRIAS DIVERTIDAS SUPERMERCADISTAS

Presidente:
Mauricio Sita

Vice-presidente:
Alessandra Ksenhuck

Chief Product Officer:
Julyana Rosa

Diretora de projetos:
Gleide Santos

Chief Sales Officer:
Claudia Pires

Capa, projeto gráfico e diagramação:
Gabriel Uchima

Vetores:
Freepik

Revisão:
Margot Cardoso

Impressão:
Gráfica Paym

Dados Internacionais de Catalogação na Publicação (CIP)
(eDOC BRASIL, Belo Horizonte/MG)

A811h
Ascar, Antonio Carlos.
Histórias divertidas supermercadistas / Antonio Carlos Ascar, João Carlos de Oliveira Junior. – São Paulo, SP: Literare Books International, 2023.
168 p. : 14 x 21 cm

Inclui bibliografia
ISBN 978-65-5922-673-3

1. Literatura brasileira – Crônicas. I. Oliveira Junior, João Carlos de. II. Título.
CDD B869.3

Elaborado por Maurício Amormino Júnior – CRB6/2422

Literare Books International Ltda.
Alameda dos Guatás, 102 – Saúde– São Paulo, SP.
CEP 04053-040
Fone: +55 (0**11) 2659-0968
site: www.literarebooks.com.br
e-mail: literare@literarebooks.com.br

FSC
www.fsc.org
MISTO
Papel produzido a partir de fontes responsáveis
FSC® C133282

Antonio Carlos Ascar &
João Carlos de Oliveira Junior

HISTÓRIAS DIVERTIDAS SUPERMERCADISTAS

Apoio:

GS1 Brasil | ASSOCIAÇÃO BRASILEIRA DE AUTOMAÇÃO

Os autores dedicam este livro
a todos os seus amigos e
colegas supermercadistas.

AGRADECIMENTOS

João Carlos e eu agradecemos a todos os nossos amigos, colegas e colaboradores supermercadistas que tornaram esta obra possível. Um destaque especial ao Bogdan Igor Holovaka, João Carlos Devens, José Humberto Pires de Araujo e Tom Erdos pelas suas contribuições a este nosso trabalho literário.

Não posso deixar de agradecer à Editora Literare Books pelo ótimo trabalho de revisão e edição deste meu quarto livro e o primeiro do João.

Agradecemos também ao apoio cultural da GSI Brasil.

PREFÁCIO

Recheado de histórias curiosas e reais que aconteceram em supermercados, centros de distribuição e durante viagens pelo mundo afora, este livro foi escrito por executivos e representantes de associações e empresas.

O mais legal é que essas histórias não são fictícias, elas realmente aconteceram e foram vivenciadas pelos autores, mostrando o lado divertido e humano do mundo empresarial, além de oferecer uma perspectiva diferente sobre a vida corporativa.

E por falar nisso, a GS1 Brasil – Associação Brasileira de Automação, parceira de longa data do setor supermercadista e que participa desta publicação, celebra em 2023 duas datas importantes: 50 anos do código de barras no mundo e o aniversário de 40 anos da organização no Brasil. Junto com o varejo, seguimos trabalhando com o propósito de transformar o mercado com soluções inovadoras e práticas, que facilitam a vida dos consumidores e das empresas.

Se você quer se divertir e se surpreender com esses casos superinteressantes, não perca a chance de ler este livro.

Boa leitura!

Virginia V. Vaamonde,
CEO da GS1 Brasil

APRESENTAÇÃO

Em um jantar, ocorrido em 2021, sentamos juntos em uma mesa, o João Carlos de Oliveira e eu. Conversa vai, conversa vem, começamos a contar estórias do nosso mundo varejista que tínhamos vivido e nos divertíamos muito com elas.

Assim tudo começou.

Surgiu então e frutificou a ideia de escrever um livro sobre essas estórias alegres vividas por nós e pelos nossos amigos supermercadistas.

Disse a ele que estava, naquele ano, lançando um novo livro chamado de *Supermercados no Brasil – Conceitos, história e estórias* (Literare Books) que continha um pouco dessa ideia. Ao fim de cada capítulo, escrevia uma estória alegre, divertida ou curiosa que eu tinha vivido nesse nosso universo supermercadista.

Aí a coisa evoluiu e ficamos planejando este nosso livro.

Começamos nominando as pessoas que poderiam contribuir com estórias e o livro foi acontecendo.

Espero que gostem e curtam o resultado dessa verdadeira imersão em nossas alegres experiências passadas, de trabalho e, principalmente, de viagens profissionais, quando todos estão mais livres, soltos e propensos a também se divertirem.

Foi agradável e prazeroso trabalhar nesta obra que surgiu centrada nas nossas vivências e de nossos colegas do ramo.

Divirtam-se com tudo o que aconteceu e tem acontecido nesse nosso “maravilhoso mundo supermercadista”.

Os autores

SUMÁRIO

Parte 1: Histórias contadas por Antonio Carlos Ascar

Parte 2:
Histórias contadas por diversos supermercadistas

Parte 3:
Histórias contadas por João Carlos de Oliveira Junior

PARTE 1

Histórias contadas por

Antonio Carlos Ascar

1 Almoço no Nacional Club

Para melhorar as relações entre os principais diretores executivos do Grupo Pão de Açúcar, onde trabalhei de 1965 até 1996, ficou instituído, durante a década de 80, que almoçaríamos toda segunda-feira no Nacional Club, que se localizava perto do estádio de futebol do Pacaembu, em São Paulo. Éramos em sete diretores: Carlos Novaes, Valney Brito, Luiz Martinelli, Sylvio Bresser, Geraldo Andrade, Oswaldo Garcia e eu. Os primeiros almoços foram um pouco formais. Saíamos do escritório às 12h30 e estávamos de volta às 14h30. Com o tempo, a descontração foi acontecendo e aí descobrimos que, no andar de cima, o Nacional Club tinha um salão com uma mesa de *snooker* (sinuca).

No começo chegávamos um pouco mais cedo e nos encontrávamos nessa mesa, em vez da sala de almoço, e brincávamos por uns 15 minutos antes de ir almoçar.

Com o tempo essa brincadeira de sinuca foi crescendo de importância e já chegávamos meia-hora antes do almoço para jogar Vida, uma espécie de mata-mata — e o tempo para almoçar ia sendo reduzido.

Como o jogo ia ficando mais interessante do que o almoço, às vezes ficávamos só jogando. Pedíamos uns sanduíches com refrigerantes e almoçávamos enquanto continuávamos a jogar. Esses almoços de segunda-feira aparentemente uniram, e muito, o nosso grupo diretivo.

A verdade é que as relações entre todos foram ficando muito mais amistosas do que competitivas. No grupo havia um grande contador de piadas, uma pessoa muito extrovertida, o Carlos Novaes; e nos divertíamos muito com ele. A melhor brincadeira que ele fez, que eu me lembro até hoje, foi a seguinte: alguns de nós estávamos no banheiro quando o Carlos chegou para fazer xixi e foi abrindo a braguilha da calça, mas o zíper não abria. Ele continuava tentando e praguejando até que se saiu com essa: "Sai covarde, sai... que é só para fazer xixi".

Foi uma risada só. Quando me lembro daquele momento, ou conto para alguém, volto a dar muitas e novas risadas.

2 Portunhol é pior!

Durante mais de três décadas de atuação na rede Pão de Açúcar, fui, por dado período, responsável pela gestão das Divisões de Supermercados, Hipermercados, Minibox, Superbox, Turismo e Restaurantes do Grupo. Como meu tempo era muito escasso, para a divisão de restaurante com a bandeira Well´s dispensei o diretor geral e assumi essa responsabilidade; mas só me reunia com os cinco principais executivos da empresa às sextas-feiras, das 8h às 10h. Nesses encontros, fazíamos as avaliações semanais de desempenho de cada área e planejávamos a próxima semana.

Lá, estavam sempre o Décio Negreda, Lucilio de Lucca, Antonino Cirrinccione, Liane Piran e o Johannes. Lembro-me bem do Johannes, um uruguaio, meio gordinho e muito simpático. Era subordinado do Décio, antigo e muito querido amigo, e responsável pela supervisão de todos os restaurantes Well's.

Para todos nós era sempre um desafio entender o que ele falava nas reuniões. Era uma mistura ininteligível de português e espanhol.

Em uma dessas reuniões, não resisti:

— Johannes, não dá para entender o que você fala. Depois de sete anos no Brasil, está na hora de se expressar de forma que eu e todos aqui possamos entendê-lo.

Ele não se fez de rogado e disparou:

— Dr. Ascar, no dia que o senhor entender o que eu falo... o senhor me manda embora.

Todos riram muito e entenderam o tom de brincadeira do uruguaio. Até hoje, lembro-me dele e de sua brincadeira, quando faço palestras ou apresentações.

3 Palestra em São Luís

Fui a São Luís do Maranhão a convite da associação supermercadista do estado para proferir uma palestra durante a sua convenção anual. No dia seguinte, pretendia, de manhã, conhecer a maravilhosa Alcântara, mas perdi a hora do barco. Então, antes do embarque para São Paulo, solicitei a pessoa que me levaria para o aeroporto que viesse mais cedo para darmos uma passada no centro histórico da cidade, que é muito lindo e eu queria revê-lo.

Foi um passeio muito agradável, ver de novo tanta riqueza arquitetônica e lembranças de uma linda história luso-brasileira.

Conversávamos sobre essa história quando meu condutor falou em tom de piada:

— O senhor sabe por que o povo daqui é um pouco indolente?

— Não, respondi eu. E então ele me disse:

— Nós somos uma mistura de portugueses, negros e índios. Os portugueses não trabalhavam, faziam os outros trabalharem. Os negros só trabalhavam apanhando. E os índios não trabalhavam nem apanhando.

Foi uma risada só.

4 Você é gay?

Voltava de uma viagem de negócios dos Estados Unidos, no fim dos anos 70, e, na poltrona ao meu lado no avião, sentou uma linda loira muito extrovertida e falante.

Foi logo puxando conversa e me contou um pouco da sua vida. Trabalhava em um cassino em Las Vegas e lá conheceu um australiano que a pediu em casamento. Estava viajando para lá para conhecer a família do seu pretendente, com escala no Brasil e na África do Sul.

Depois de falar sobre sua família e suas origens, quis saber um pouco sobre minha vida. Falei que era o diretor-executivo de uma rede de supermercados no Brasil, o Pão de Açúcar; e que, para desenvolver meus conhecimentos, viajava muito aos Estados Unidos e Europa em busca de aprendizado. Estava voltando de Chicago aonde fui para uma convenção supermercadista com muitos brasileiros. Falei de minha irmã que morava em Miami há muitos anos e de como eu gostava do estilo de vida dos americanos.

Aí ela me perguntou sobre minha família. Disse que tinha essa irmã e um outro irmão, e que éramos gêmeos univitelinos. Ele era engenheiro e eu administrador de empresas. Disse que estava com 37 anos e ainda solteiro, pois o trabalho era intenso e eu gostava de aproveitar a vida de solteiro.

Aí ela vira para mim, olha bem nos meus olhos e diz na lata:

— Solteiro, morando sozinho, 37 anos... Você é gay?

Expliquei que eu não era, e que era na verdade um mulherengo com várias namoradas e que ainda não tinha a intenção de casar, pois não tinha encontrado a minha eleita. Mas não adiantou nada, ela continuou a me olhar meio torto e a sorrir maliciosamente.

Alguns anos depois encontrei a mulher dos meus sonhos, casei e hoje já estou com sete maravilhosos netos.

5 Coisas que você gostaria de ver em um supermercado

Selecionadas da minha coluna WHAT´S UP, da revista SUPERHIPER, escrita nesses últimos 27 anos.

- Atendimento imediato do SAC.
- Todos os *checkouts* de uma loja abertos.
- Fornecedores concordando com lojistas e vice-versa.
- Sinalização coerente nos estacionamentos das lojas.
- Noiva pontual.
- Carrinhos de clientes em perfeito estado.
- Letra de médico totalmente legível.
- Mais conveniência e bons serviços nos supermercados.
- Trânsito livre nos momentos de pressa.
- Genro elogiando a sogra.
- Temperatura correta na seção de congelados.
- Retrato de sogra no escritório.
- Gerentes de loja circulando tanto quanto os consumidores na área de vendas.
- Praia sossegada em feriado prolongado.
- Pedágio tranquilo de estrada nos fins de semana.
- A esposa do concorrente comprando na sua loja.
- Etiquetas de preço legíveis e bem colocadas.

6 Piada mineira

Selecionadas da minha coluna WHAT'S UP.

Há alguns anos, fui a Belo Horizonte (MG) para proferir uma palestra na convenção organizada pela Associação Mineira de Supermercados (Amis). Entre meus amigos mineiros, a família Nogueira é, sem dúvida, uma das mais próximas, simpática e divertida. Nunca me esqueço de uma sessão de piadas com o saudoso Gil Nogueira e sua mulher, Antônia, exímios contadores de anedotas. Lá pelas tantas, o Gil se saiu com essa preciosidade:

"Em uma de nossas lojas, dois clientes fazendo compras bateram seus carrinhos e um deles, irritado, disse:

— Como é? Não presta atenção por onde anda?

O outro, todo polido, respondeu:

— Me desculpe. É que perdi minha mulher e estou tentando achá-la.

— Ah! Eu também estou procurando a minha.

— Como é a sua?

— É bem alta, cabelos longos, loira e está com um short azul bem curtinho.

— E a sua mulher? Como é?

— Ah! Esquece a minha mulher. Vamos procurar a sua!"

7 Só na Itália

Em uma viagem de passeio pela Itália, na década de 1970, estava viajando sozinho e dirigindo numa autoestrada, deslumbrado com a velocidade que podíamos guiar, pois não tinham limite de velocidade naquela época. Num dado momento, vislumbrei na minha frente um supermercado.

Parei, como sempre faço quando passo por um supermercado, para conhecer a loja e aprender um pouco mais.

Circulei pela loja que estava meio vazia e depois procurei alguma coisa para comer e beber. Seria o meu lanche da tarde.

Ao chegar no caixa, a operadora não se dignava a me atender – e nem a me olhar.

Esperei alguns minutos sem entender nada e, então, um pouco indignado, perguntei se podia pagar o que levava.

Ela disse que não e só falou:

– *Siamo in Sciopero* ("estamos em greve", em italiano)

Estavam em greve e de braços cruzados. Quando irritado resolvi deixar as coisas no caixa e ir embora ela vira para mim e diz:

— *Ora puoi pagare* ("agora pode pagar").

Perguntei por que agora podia e antes não, e ela me respondeu:

— *Lo sciopero è finito* ("a greve terminou").

Dá para acreditar? Só na Itália.

8 A japonesa que falava português

Estávamos, minha mulher e eu, em janeiro de 2019, em uma viagem de peregrinação à Terra Santa, com um grupo de nossa igreja, composto por 12 pessoas e dois maravilhosos padres.

Nossa guia, a nipônica Suzana, era ótima de papo; e durante uma viagem mais longa de ônibus ouvi muita risada de um pequeno grupo na parte de traz do ônibus. Fui me juntar a elas (eu era o único homem no grupo, fora os dois padres) e pedi a Susana para contar de novo o motivo de tantas risadas. E ela contou que um dia estava em Lisboa a trabalho, e, no fim do dia, foi a uma loja em busca de um presente para seu marido. Entrou na loja e perguntou a vendedora o que ela sugeria de presente.

A mulher ficou pasma. Gritava para o marido (que estava na parte interna da loja):

— Oh Manuel, corre aqui. Tem uma japonesa que fala português. Não entendo.

E ele:

— Oh Maria, não pode ser. Japonês fala japonês e não português.

E ele, então, resolveu entrar na loja para ver tal fenômeno.

A Suzana, então, explicou que era brasileira e por isso falava português.

E a Maria insistia:

— Não te disse Manuel, ela está falando de novo português. Como pode ser?

9 Que abacaxi!

Situação muito divertida ocorreu em novembro de 1997. Fui fazer uma palestra, "Competindo em um novo mercado", na cidade de Miracema do Tocantins, no III Seminário da Cultura do Abacaxi.

O convite era para o José Humberto Pires de Araújo, então presidente da Abras, que, impossibilitado de ir, me pediu para substituí-lo.

Peguei um voo de São Paulo a Palmas e pude conhecer essa nova, planejada e linda capital do estado.

Tive o prazer de ser ciceroneado pelo Expedito Gomes Guimarães Filho, na época, presidente da Associação de Supermercados do Tocantins. Para irmos ao evento seguimos por mais de 130 quilômetros em uma estrada de terra, atravessando, de balsa, o Rio Tocantins. Passamos por uma aldeia indígena até chegarmos à cidade de Miracema. Não foi fácil, mas foi uma linda viagem.

Iniciei minha palestra agradecendo o convite recebido. O bem-humorado presidente do seminário, levantou-se e se saiu com essa:

— Dr. Ascar, nós é que agradecemos a sua presença. Convidamos mais de dez palestrantes e só o senhor se dignou a aceitar vir até aqui.

10 Abílio e o tênis

No meu livro, *Supermercados no Brasil – Conceitos, história e estórias*, escrevi o texto (Capítulo XII, página 165) "Meus tipos inesquecíveis", que quero reproduzir aqui.

Meu terceiro tipo inesquecível, durante minha vida profissional, foi o Abílio Diniz. Tinha sólidos conhecimentos, muita determinação, muito trabalho, dedicação; perseverança em busca de objetivos e segurança nas decisões. Inspirou-me a pensar, decidir e agir o mais rápido possível.

Abílio dizia: decida e saia fazendo. Se der certo, ótimo! Se não der, você ainda tem tempo de repensar e começar de novo. Foi sempre a forma como aprendi a tocar os negócios do Grupo Pão de Açúcar sob minha responsabilidade – e depois a tocar os meus próprios negócios. Você pode até demorar para chegar à decisão final, mas, em seguida, aja rapidamente. Foi pena não ter aprendido com ele como ganhar mais dinheiro e, também, ser um bilionário.

Falar mais sobre ele é perder tempo, pois no ramo e no País é figura muito conhecida e admirada. Era meu companheiro de tênis aos sábados à tarde. Era ótimo esportista e treinava com muita determinação. Uma vez ele teve *tennis elbow*, uma dor que ocorre do lado externo do cotovelo de tenistas, deixando-os uns meses sem poderem jogar. Após um mês, numa sexta-feira, ele me liga para combinar um jogo no sábado.

Perguntei se ele já estava bem, pois a recuperação tinha sido muito rápida. Ele disse que, no dia seguinte, eu saberia. Entrando na quadra no sábado, observei ele se preparando para jogar com a mão esquerda.

Não é que ele ficou esse mês todo treinando com a mão esquerda. É muita determinação, perseverança e aplicação. Aí, brinquei com ele: "se você não ganha de mim com o braço direito, muito menos vai ganhar com o esquerdo".

Acho que ele até se divertiu com a brincadeira. Ou não.

11 Até os americanos?

Fazia uma viagem de pesquisa e conhecimento nos Estados Unidos na primeira metade da década de 1980 e, visitando uma loja em Kansas City, tive uma boa conversa com o diretor da loja. Falamos da concorrência e de como ele seguia sua política de preços sem se importar com os preços da concorrência, mas só seguindo os preços orientados pela sua central. Passando pelos *checkouts* observei que eram todos automatizados, informatizados com leitura ótica, novidade na época, inclusive no Brasil.

Quis saber quais os benefícios que o sistema trazia. Ele informou que agilizava a frente de caixa. Eu quis saber mais; quais informações ele recebia que poderiam auxiliá-lo na gestão da loja.

Nenhuma. Então, perguntei por que ele usava. Só porque a frente de caixa ficava mais rápida? E ele respondeu que "Não é nem por isso, é que todo mundo está informatizando os *checkouts* e eu não poderia ficar para trás".

Gente, que desperdício de dinheiro e de competência. Até os americanos!

12 Superpiadas

Um grupo de supermercadistas sempre se reunia em convenções para trocar conversa mole e contar piadas. Sempre estavam cutucando pessoas de outros estados. Aí, vão algumas que surgiram nesses encontros:

Um mineiro entra em um bar em Porto Alegre e pede um copo de leite. Um gaúcho que estava do lado, provocando, diz:

Mas *bah* tchê, aqui no Rio Grande do Sul nós não gostamos de homem que bebe leite.

O mineirinho prontamente responde:

Uai sô, mas lá em Minas *nóis* não gosta de homem de jeito nenhum.

✦✦✦

Um muçulmano, durante o período do Ramadã (jejum), senta-se junto a um português no voo Lisboa-Funchal.

Quando o avião decola, começam a servir bebidas aos passageiros.

O português pede um tinto reserva Borba. A aeromoça, depois de servir o vinho, pergunta ao muçulmano, sentado ao lado, se ele quer beber alguma coisa. Ele responde com aquele ar ofendido:

— Prefiro fornicar com as putas da Babilônia, antes que uma gota de álcool toque os meus lábios!

O português, engasgando-se, devolve rapidamente o copo de vinho tinto à aeromoça e diz:

— Eu também prefiro as putas. Só não sabia que podia escolher!!!

✦✦✦

Um supermercadista, novo no ramo e um pouco ingênuo, é assaltado à noite e os ladrões levam toda a mercadoria do depósito da loja. Um patrício, penalizado, tenta consolá-lo sobre sua perda. Ele responde:

— Que nada Joaquim, até que a sorte me ajudou.

— Como assim, retruca o amigo?

— Eu ia remarcar os preços hoje. Já pensou? Aí sim, o prejuízo seria bem maior.

✦✦✦

Você sabia que o peru é de uma nacionalidade confusa?

Os americanos chamam de *turkey*, os turcos chamam de hindi, os indianos chamam de peru, igual a gente no Brasil, e, no Peru, ele é chamado de *pava*. Mas a coisa fica pior, porque os árabes o chamam de galinha grega, os gregos chamam de galinha francesa, e os franceses chamam de galinha indiana. Ninguém quer assumir o bicho.

✦✦✦

Falaram para o seu Raimundo, um velhinho de 82 anos, que pão de queijo é afrodisíaco. Então, ele foi até a padaria de um supermercado e pediu 50 pães de queijo. A atendente o alertou que metade iria endurecer. Aí ele disse:

Então, me dá 100.

✦✦✦

Dois velhinhos conversavam e um deles disse:

— Hoje cinco mulheres me convidaram para sair. O outro, então, fala:

— Que bárbaro! E como isso aconteceu?

— Estava no supermercado e entrei no banheiro errado.

✦✦✦

O Cidão era um gerente de loja bom para contar piadas. Certo dia ao fecharmos a loja e irmos para uma cervejinha no bar ao lado, ele veio com essa:

— Sexo é bom, mas é preciso tomar cuidado. Quando você é solteiro, cuidado para os pais não ficarem sabendo. Quando tem filhos, cuidado para eles não estarem por perto. E quando já é casado, cuidado para sua mulher não ficar sabendo.

+++

Essa foi contada pelo meu grande amigo suíço, Otto Engeler. Ainda não falava português quando chegou ao Brasil, em 1964, para trabalhar no Pão de Açúcar. Estava perdido numa estrada e parou ao lado de duas pessoas para se orientar sobre qual caminho seguir e perguntou:

— *Entschuldigung, koennen sie deutsch sprechen?* – Os homens ficaram mudos.

— *Excusez moi, parlez vous français?* – Continuaram mudos.

— *Prego, signore parlate italiano?* – Nada falaram nada.

— *Hablan ustedes español?* – Nenhuma resposta.

— *Please, do you speak English?* – Nada ainda.

Muito angustiado, ele vai embora.

Um vira para o outro e diz:

— Manoel, talvez devêssemos aprender uma língua estrangeira.

— Mas por quê? O moço falava cinco línguas e adiantou alguma coisa?

13 Rir é o melhor negócio I

✦ Pare de pensar como um derrotado. Pense em você como um boleto. Ele sempre vence.

✦ Gosto tanto de comida que meu super-herói favorito é o supermercado.

✦ Um cachorro conversando com outro. Sentar, ficar quieto, vai pegar a bola... eles só ensinam isso. Queria que me ensinassem como ir ao supermercado comprar carne.

✦ Um senhor conversando com uma moça numa loja, diz: Eu não tomo leite, nem como carne, nem peixe e nem produtos lácteos. O senhor é vegano?
E ele responde:
— Não, eu sou cubano.

✦ Morreram em São Paulo 66 pessoas de covid-19 e 960 pessoas assassinadas, isso tudo em um mês. Devo usar máscara ou colete?

✦ Este é o primeiro ano que não vou viajar para a Europa por causa da covid. Normalmente não ia por falta de dinheiro.

- ✦ Chegamos "naquela idade" que não precisamos mais ficar sarados. Se ficarmos curados já estamos no lucro.
- ✦ Na cama não tenho limites. Nesta noite caí três vezes.
- ✦ Antigamente meu creme de corpo chamava-se Nivea. Hoje chama-se cataflam gel.
- ✦ Vamos deixar de ser egoístas e pensarmos um pouco mais em nós mesmos.
- ✦ Fui à livraria e vi um livro com o título: "Como resolver 50% dos seus problemas". Comprei dois.
- ✦ Se você consegue manter a sua cabeça calma, enquanto todos à sua volta a estão perdendo, provavelmente você não está entendendo a gravidade da situação.
- ✦ Habilidade executiva significa tomar decisões e arranjar outra pessoa para fazer o trabalho.

14 As máximas de alguém

- Essa do Silvio Santos é de lascar. Não é que conseguiu dar uma excelente definição para explicar o que é o comunismo?
  "O comunismo só deu certo na penitenciária, onde todos se vestem iguais, comem a mesma comida, têm apenas o necessário para viver, não fazem nada e vivem às custas dos outros".

- Albert Einstein disse a Charles Chaplin: "O que mais admiro na sua arte é que você não diz uma só palavra e o mundo inteiro entende você".
  E Chaplin respondeu: "Mas a sua glória é ainda maior, pois o mundo inteiro admira você sem nem entender o que você diz".

✦✦✦

A seguir, pérolas de Ronald Reagan, ex-presidente americano, que se aplicam perfeitamente ao Brasil:

- "Não devemos julgar os programas sociais por quantas pessoas estão neles, mas por quantas pessoas estão saindo."

- ✦ “As melhores mentes não estão no governo. Se alguma estivesse, a iniciativa privada iria roubá-la.”
- ✦ “Como você define um comunista? Bem, é alguém que lê Marx e Lenin. E como você define um anticomunista? É alguém que entende Marx e Lenin.”
- ✦ “Recessão é quando um vizinho perde o emprego. Depressão é quando você perde o seu.”
- ✦ “O contribuinte é um cara que trabalha para o governo sem ter que prestar concurso e sem receber salário.”
- ✦ “Quando uma pessoa ou empresa gasta mais do que arrecada, vai à falência. Quando um governo gasta mais do que arrecada, ele manda a conta para você.”
- ✦ “Não se pode fortalecer o fraco enfraquecendo o forte. Não se pode trazer prosperidade desencorajando a iniciativa. Não se pode ajudar o recebedor de salário prejudicando o pagador de salário.” (Abraham Lincoln).

✦ ✦ ✦

George Burns, conhecido comediante americano, faleceu aos 100 anos, em 1996, e deixou as seguintes frases:

- ✦ “Com a idade, você começa a esquecer os nomes dos conhecidos. Depois esquece os rostos. Depois, esquece de fechar o zíper da calça. Finalmente, esquece de abri-lo.”
- ✦ “A felicidade é ter uma família grande, amorosa, dedicada, unida e morando em outra cidade.”

- "O segredo de um bom discurso é ter um bom começo e um bom final, e fazer com que eles estejam o mais próximo possível."
- "O gerente do supermercado que frequento é tão velho que, quando ele era criança, o Mar Morto só estava enfermo."

15 Pérolas de Winston Churchill

1) Aconteceu na Segunda Guerra, quando o Marechal Montgomery, que era caretíssimo e muito vaidoso, estava sendo homenageado por ter derrotado Rommel, na batalha da África. No discurso de agradecimento, ele disse:
– Eu não fumo, não bebo, não prevarico; e assim sou um herói.
Churchill comentou com um amigo do lado:
– Eu bebo, fumo, prevarico e sou o chefe dele!

2) Quando Sir Winston Churchill fez 80 anos, um repórter com menos de 30 anos foi fotografá-lo e disse:
– Sir Winston, espero fotografá-lo novamente nos seus 90 anos. Resposta de Churchill:
– Por que não? Você me parece bastante saudável.

3) Convite de Bernard Shawn enviado para Winston Churchill: "Tenho o prazer e a honra de convidar o digníssimo primeiro-ministro para a primeira apresentação de minha peça, Pigmaleão.
Venha e traga um amigo, se tiver."
Resposta de Churchill:

"Agradeço ao ilustre escritor pelo honroso convite. Infelizmente, não poderei comparecer à primeira apresentação. Irei à segunda, se houver."

4) O famoso primeiro-ministro inglês, que exerceu a função durante a segunda grande guerra mundial, era conhecido por suas irônicas tiradas. A melhor delas aconteceu em uma discussão com Nancy Astor. Ela foi a primeira mulher eleita pelo parlamento inglês e era até amiga dele. Ajudou-o a ser primeiro-ministro na sua primeira vez.

Os dois estavam discutindo na casa de um amigo; e ela irritada falou assim no auge da briga:

— Se você fosse meu marido, eu colocava veneno em seu café!

E ele respondeu:

— Se eu fosse seu marido, eu tomava!

5) A diferença entre os humanos e os animais é que os animais nunca permitem que um estúpido lidere a manada.

16 Gravata do Ribamar

Está aí uma estória que gosto de lembrar. O Ribamar Castelo Branco era nosso diretor de compras de não alimentício, responsável pelo abastecimento de todos os hipermercados e magazines do Pão de Açúcar. Na área de alimentação, tínhamos o Antero e o Perez. O Ribamar era um senhor muito conservador, sério e compenetrado de suas responsabilidades. Era muito difícil ele se soltar ou fazer qualquer brincadeira.

Vestia-se de modo muito formal, sempre de gravata e paletó e nas reuniões nunca tirava o paletó. Bem, a estória aqui é sobre sua gravata, pois ele sempre usava uma bem larga e com um nó bem grosso. Era um tipo de gravata popular na década de 1970, mas aí passa ano, vem ano e a moda mudava. Tivemos fases com gravata de crochê, estreita, estreitíssima, largas, entre outras; mas o Ribamar estava sempre usando gravatas largas.

Um dia conversávamos e tomei a liberdade de invadir sua privacidade e perguntar sobre a insistência dele em só usar esse tipo de gravata. E ele me saiu com essa:

— Sabe, Dr. Ascar, o meu conservadorismo não me permite usar outra, só porque é moda momentânea.

Durante um tempo, eu estou na moda. Aí saio um pouco da moda e depois volto à moda. Enfim, é muito mais fácil a vida assim do que sair comprando gravata toda vez que a moda muda.

17 Aconteceu em Lisboa

Passei boa parte do primeiro semestre de 1978 envolvido na reorganização do Pão de Açúcar em Portugal, após sua devolução pelo regime socialista comunista, até então no poder. A empresa, bem como o país, estava um verdadeiro caos. Cheguei a Lisboa nos primeiros dias daquele ano em companhia de outros três profissionais para me ajudarem na empreitada: o Daniel Costa, o Takeshi e o Luiz Ratto.

Ao final da minha primeira semana na cidade, fui despedir-me do então presidente da empresa, o Manuel Teixeira de Abreu, e desejar-lhe um bom fim de semana.

Falei um pouco dos meus primeiros dias de trabalho e ele resolveu dar-me algumas sugestões sobre o que fazer no fim de semana na capital portuguesa.

Posto isso, disse, sem rodeios: “Ascar, vou deixar com você o número de telefone da minha casa. Se tiver qualquer problema, não hesite em me telefonar. Por qualquer motivo, não deixe de me ligar”.

Em seguida, com um sorriso maroto, concluiu: “Não se preocupe. Você não vai me incomodar, até porque nunca passo meus finais de semana em Lisboa”.

Pois é, e somos nós que fazemos piadas de português.

18 Auchan em Chicago

Desde a década de 1970 até há alguns anos, fazíamos viagens organizadas pela Abras, a Associação Brasileira de Supermercados, aos Estados Unidos para participar da feira e palestras do Food Market Institute, normalmente em maio e, nos últimos anos, sempre no Centro de Convenções McCormick Center, em Chicago.

Em 1989, fiquei sabendo que a rede francesa Auchan havia inaugurado um hipermercado em Bridgeview, perto de Chicago, onde estávamos. Como sempre, corri para conhecer a loja e aprender um pouco sobre as novidades que os franceses trouxeram para a loja e para Chicago.

A loja tinha sido adaptada para o mercado americano, com várias mudanças do modelo francês como redução dos não alimentos, novo *layout*, tamanho menor etc.

A grande novidade para mim foi ter encontrado no estacionamento muitas pessoas fazendo fila, circulando e dificultando a entrada dos clientes. Tinham cartazes de repúdio à loja, dizendo para não comprarem em empresa de fora. A maioria era de trabalhadores do ramo que não conseguiu emprego, pois a rede trouxe muitos franceses especialistas para operar a loja.

Fui conversar com um desses manifestantes que me disse: "A política de trazer especialistas franceses, além de não nos dar empregos, desmereceu nossas habilidades, nos agrediu".

E aí brincou: "Tudo seria diferente se tivessem trazido só francesas. Mas franceses!".

A experiência francesa durou pouco mais de um ano, pois em seguida fecharam a loja e deixaram o país. Não captaram as necessidades e costumes dos americanos.

19 Você sabe o que é um expert?

Durante um determinado período, no Grupo Pão de Açúcar, trouxemos para nos ajudar alguns executivos americanos, supermercadistas aposentados, muito experientes, para conhecer nossa empresa e propor coisas novas, para nos aprimorarmos.

Um deles, Mr. Blount, que foi o primeiro entre vários, fez uma proposta. O nosso presidente gostou muito e me pediu para implementá-la.

Achei estranho, pois tinha feito proposta semelhante há uns seis meses, sendo ela recusada.

Aí, perguntei ao Mr. Blount porque a proposta dele era boa e a minha não, se eram iguais.

Ele me respondeu: "Porque eu sou um *expert*".

E eu: "Mas eu também sou. Qual a diferença?"

E ele: "Você aqui não é um *expert*. *Expert* é sempre aquele que vem de fora e custa caro".

20 Jantar de presidentes

Um grupo de presidentes de importantes redes supermercadistas americanas veio para conhecer o Brasil e suas lojas de supermercados, lá pelos anos 1980.

O então presidente e fundador do Pão de Açúcar, Sr. Valentim dos Santos Diniz, resolveu oferecer ao grupo um jantar em sua casa.

Durante os aperitivos, aproximei-me de uma rodinha onde estava o Sr. Santos com alguns americanos. Nesse momento, alguém perguntou a ele o que mais gostaria de ter em suas lojas que as americanas já tinham. Ele, então, saiu-se com essa:

— Seus clientes e o poder de compra deles, porque o resto nós já temos.

A verdade é que, já há muito tempo, nossas lojas não deviam nada às estrangeiras. Eram modernas em termos físico e organizacional. Na ocasião, ele vislumbrou, com base nas lojas de sua rede, essa realidade tão evidente e indiscutível nos dias de hoje.

E tinha ciúmes, não das lojas dos americanos, mas dos seus consumidores e de seu alto poder de compra.

21 Otto e Zé Luiz

Durante alguns anos, nosso diretor de operações era um exigente e sisudo suíço. Na verdade, era sisudo só no escritório. Mas isso é outra estória.

Éramos e somos ainda muito amigos, o Otto Engeler e eu. Ele hoje está com 96 anos e mora na Suíça. Falava um português com forte sotaque alemão e sempre deixava os gerentes apreensivos com suas observações e reclamações.

Um dia, um supervisor de lojas, muito gozador, o José Luiz, estava ligando para as lojas, falando com um sotaque alemão próximo ao dele, e dando algumas ordens doidas.

Ele imitava muito bem o Otto. Tudo foi descoberto quando ele, "em alemão", cobrava melhores resultados do gerente Virgílio, da loja de Sorocaba.

No exato instante em que o gerente dessa loja estava no telefone, o Otto entra na sua sala deixando o Virgílio pasmo e mudo.

Foi aí que tudo se esclareceu e o José Luiz passou um tempo não falando nem alemão nem português em nossas reuniões.

O ocorrido não se transformou em um grande problema, porque o grupo tirou dele só o lado positivo. A brincadeira era sadia, divertida e carinhosa, e fez a relação entre todos ser mais amistosa e produtiva.

22 O turco era esperto

Na década de 1970, tivemos no grupo Pão de Açúcar um funcionário descendente de libaneses, o Munir. Alegre e divertido, gerenciava uma das nossas lojas de São Paulo, capital, a unidade número 11, localizada na rua Afonso Brás, número 480.

Certa noite de sábado, ainda novato como gerente de loja, foi à sede do nosso grêmio, na avenida Pacaembu, para um baile de confraternização da empresa, organizado pela associação de seus funcionários. Lá pelas tantas, já meio alto, decidiu tirar uma moça para dançar.

Ela aceitou, mas não deixou que o Munir chegasse muito perto durante a dança — até porque ele já estava meio bêbado. Para se aproximar mais, ele se saiu com essa:

— Olha, estou há pouco tempo como gerente de loja e a primeira coisa que aprendi nesse ramo é que espaço é o mais importante patrimônio do nosso negócio.

Dito isso, Munir puxou a moça para bem perto de si e a apertou. Em seguida, concluiu, sério:

— Espaço é muito caro e não pode ser desperdiçado.

Gente, ele estava aplicando na sua vida pessoal o que aprendera como gerente.

Criatividade é, com certeza, uma das mais importantes características do gestor de um supermercado — dentro e fora da loja. Não sei o que aconteceu depois, se ele ganhou ou não a moça com essa estratégia.

23 Reflexões para uma vida melhor

- Cuidado com o estresse. Mais vale chegar atrasado neste mundo, do que adiantado no outro.
- O maior erro é ter pressa ante as necessidades e ser lento ante as oportunidades.
- Encerrar algo se torna mais fácil quando você entende que aquilo era somente um capítulo de sua vida, não o livro inteiro.
- Esteja atento para prevenir-se das catástrofes. Noé não começou a construir a arca depois que começou a chover. (W. Buffet)
- O primeiro a pedir desculpas é o mais corajoso. O primeiro a perdoar é o mais forte. O primeiro a esquecer é o mais feliz.
- Dois ótimos conselhos para manter vivo seu casamento: Quando estiver errado, admita. Quando estiver certo, cale-se. (Nash).
- Ter luz não é sobre brilhar, é sobre iluminar.
- Experiência não é o que aconteceu com você; mas o que você fez com o que lhe aconteceu.

- Um velho índio descreveu, certa vez, os seus conflitos internos:
  "Dentro de mim existem dois lobos. Um deles é cruel e mau, o outro é muito bom e dócil. Eles estão sempre brigando".
  Quando, então, lhe perguntaram qual deles ganharia a briga, o sábio índio parou, refletiu e respondeu: "Aquele que eu alimentar".
- Quando a gente pensa que sabe todas as respostas, vem a vida e muda todas as perguntas.
- Sempre que pergunto a um triunfador o porquê de seu sucesso, só obtenho uma resposta: "porque amo o que faço."
- O ego diz: "Quando tudo entrar nos eixos, encontrarei a paz". A alma diz: "Encontre a paz e tudo entrará nos eixos".
- Um velho provérbio árabe que é uma lição de vida:

  "Eu te recebo de acordo com a tua aparência, mas me despeço de você de acordo com o seu conteúdo".
- Por maior que seja o buraco em que você se encontre, pense que por enquanto ainda não há terra por cima.
- Perdoe seus inimigos, mas nunca esqueça seus nomes.
- Para ganhar conhecimento, adicione coisas todos os dias. Para ganhar sabedoria, elimine coisas todos os dias. (Lao-Tse)
- Errar é humano. Colocar a culpa em alguém, então, nem se fala.

- Rir de seus próprios erros pode prolongar sua vida. (Shakespeare)
  Rir dos erros de sua mulher pode encurtar sua vida. (esposa de Shakespeare)
- Você pode fechar seus olhos para as coisas que não quer ver, mas não pode fechar seu coração para as coisas que não quer sentir.
- Quando o povo teme o governo, há tirania; quando o governo teme o povo, há liberdade. (Thomas Jefferson)
- Às vezes a vida te dá pessoas especiais. Às vezes pessoas especiais te dão vida. (pela vinda da minha sétima netinha)
- A verdade da sustentabilidade humana está baseada em quatro sentimentos divinos: 1- Amor, 2- Compaixão, 3- Perdão, 4- Respeito. Esses são os pilares para a nossa evolução espiritual.
- O amor supera a justiça. Justiça é dar ao outro o que é dele. Amor é dar ao outro o que é seu. (Papa Bento XVI)

24 Frases a ponderar

Selecionadas da minha coluna WHAT´S UP, da revista SUPERHIPER, escrita nesses últimos 27 anos.

- ✦ A injustiça que se faz a um é uma ameaça que se faz a todos. (Montesquieu)
- ✦ Quando o ritmo da mudança dentro da empresa é ultrapassado pelo ritmo da mudança fora dela, o fim está próximo. (Jack Welch)
- ✦ O trabalho em equipe é o caminho para pessoas comuns conseguirem produzir resultados incomuns.
- ✦ O salário dos seus colaboradores supermercadistas só será fator prioritário quando o ambiente de trabalho e as oportunidades oferecidas não forem satisfatórias.
- ✦ O que sabemos é uma gota de água; o que ignoramos é um oceano. Você acha que entende de supermercado? O caminho ainda é muito longo e extenuante. (Antonio Carlos Ascar)
- ✦ A mesa do escritório é um lugar muito perigoso para dirigir um supermercado. (Antonio Carlos Ascar)
- ✦ Você só terá 100% de satisfação dos seus clientes, quando tiver 100% de satisfação dos seus colaboradores. (Antonio Carlos Ascar)

- Algumas pessoas sonham com o sucesso, outras, acordam e trabalham duro para conquistá-lo.
- Supermercado é muito mais um processo comercial que busca a satisfação dos seus clientes do que só um local para a venda de produtos. (Antonio Carlos Ascar)
- Nem sempre ganha o maior, ou o mais moderno, ou o mais forte. Ganha sempre o mais ágil e competente — que pode até ser o maior.
- Há grandes executivos que fazem com que os outros se sintam pequenos. Mas o verdadeiro grande executivo é aquele que faz com que todos se sintam grandes.
- Se você copia um concorrente, o máximo que conseguirá é empatar. É preciso fazer mais e melhor.
- Não fazemos nenhum favor ao cliente ao servi-lo. Ele é que nos faz um favor, dando-nos a oportunidade de servi-lo.
- A vida não consiste em ter boas cartas na mão, e sim em jogar bem com as que se tem. (Josh Billings)
- O maior obstáculo: o medo. O maior erro: desistir. A melhor distração: o trabalho. O que nos deixa feliz: ser útil aos outros. A coisa mais bela do mundo: o amor. (Madre Teresa de Calcutá)
- Inteligência é aprender com os próprios erros. Sabedoria é aprender com os erros dos outros.
- Quando todos pensam igual é porque ninguém está pensando. (W. Lippman)

- ✦ Quem olha para fora, sonha; quem olha para dentro, desperta. (Carl Jung)
- ✦ Duas coisas indicam fraqueza: calar-se quando é preciso falar e falar quando é preciso calar-se. (provérbio persa)
- ✦ Embora ninguém possa voltar atrás e fazer um novo começo, qualquer um pode começar agora e fazer um novo fim. (Chico Xavier)
- ✦ Para ver quantos amigos você tem, dê uma festa. Para conhecer a qualidade deles, fique doente.
- ✦ Se você é capaz de sorrir quando tudo deu errado, é porque você já descobriu em quem vai pôr a culpa.
- ✦ Quem disse que ganhar ou perder não importa, provavelmente perdeu. (Martina Navratilova)
- ✦ Quanto mais treino, mais sorte tenho nas partidas. (Tiger Woods)

✦✦✦

Frases de Oscar Niemeyer:

- ✦ Na minha idade, a melhor coisa em acordar de madrugada para ir ao banheiro é ter acordado.
- ✦ A quem possa interessar: "Eu nunca estive presente na fundação de São Paulo, em 1554. Na verdade, não fui nem convidado."

✦✦✦

Máximas de Millôr Fernandes:

- ✦ Arrancam-me tudo à força e depois me chamam de contribuinte.
- ✦ Se você perguntar a qualquer cidadão de uma ditadura o que acha de seu país, ele responde: não posso me queixar.
- ✦ Para conseguir vencer, uma mulher bonita tem que lutar muito. Ou não lutar nada.
- ✦ Não devemos resistir às tentações. Elas podem não voltar.
- ✦ Anatomia é uma coisa que os homens também têm, mas que nas mulheres fica muito melhor.
- ✦ Filosofia do momento para todos seus colaboradores: ou você soma ou some.
- ✦ Se estiver escrito "tamanho único", é porque não serve em ninguém, muito menos em você.

25 Curiosidades alimentares

Selecionadas da minha coluna WHAT'S UP

✦ O mel é a comida que dura mais tempo sem se estragar. Quando bem conservado, ele pode durar séculos. Nas câmaras subterrâneas do Egito antigo, onde eram deixados alimentos junto aos mortos, encontrou-se mel ainda comestível.

✦ O forno de micro-ondas surgiu quando um pesquisador chamado Percy Spencer, que estudava as micro-ondas para aplicá-las em radares, percebeu que o chocolate que estava em seu bolso havia derretido.

✦ O primeiro adoçante artificial do mundo tem mais de 120 anos. Em 1879, Constantin Fahlberg – um químico da Universidade Johns Hopkins nos EUA – notou que uma substância que ele preparara e que, acidentalmente, havia caído em suas mãos, tinha sabor singularmente doce. Fahlberg aparentemente previu alguma importância para essa substância, que era cerca de 200 a 500 vezes mais doce do que o açúcar. Resolveu registrar sua patente em 1885. O nome escolhido? Sacarina, derivado do latim *saccharum*, que significa açúcar.

✦ O costume do bolo de aniversário surgiu na Grécia antiga. Celebrar o dia do nascimento é um costume muito antigo. Porém o uso do bolo com velinhas, este, sim, veio da Grécia.
Para comemorar a data de aniversário, a tradição dos gregos era levar ao templo de Artêmis (deusa da lua segundo a mitologia grega) bolos redondos que representavam a lua cheia. As velas, colocadas sobre os bolos, serviam para fazê-lo brilhar como a luz do luar.

✦ Você sabia que todos os cogumelos são comestíveis? Alguns, porém, só por uma vez.

✦ O chope foi inventado na Mesopotâmia, há seis mil anos. A cerveja, porém, só após descobrirem o processo de pasteurização, isso em 1876.

✦ Fiquei encantado quando li essa criativa propaganda na fachada da Stockmann, uma loja de departamentos, com um supermercado interno, na cidade de Helsinque, capital da Finlândia, que se orgulha da sua completa linha de produtos:
"O que você não encontrar à venda na nossa loja, não é necessário."

✦ A pipoca é um alimento antigo, dizem que remete aos tempos bíblicos, mas só foi popularizada em 1519, quando Cortez a viu pela primeira vez ao invadir o México. Era um alimento importante para os astecas, mas também eram usadas como decoração em vestidos festivos, colares e ornamentos em estátuas para seus deuses.

✦ Você sabia que a palavra "salário" vem de "sal"? O sal era tão raro no passado que, frequentemente, era utilizado como meio de pagamento, dando origem à palavra "salário", usada até hoje.

26 Curiosidades também alimentares

Selecionadas da minha coluna WHAT´S UP.

- O sorvete também foi inventado pelos chineses, como tantas outras coisas.
  A receita era uma pasta feita de leite, arroz e neve. Anos depois, Marco Polo levou a guloseima para a Itália — como também levou o espaguete — onde foi aperfeiçoada e se tornou muito semelhante ao sorvete que conhecemos hoje. A primeira sorveteria do mundo foi inaugurada na França, em 1660.

- Foi descoberta, no Egito, a mais antiga padaria do mundo. Uma equipe de arqueólogos norte-americanos descobriu os restos de uma padaria variada e funcional que, por volta de 3 mil a. C., produzia o "pão do sol", alimento ainda produzido até hoje, com algumas modificações.

- O brigadeiro é um doce tipicamente brasileiro. Foi criado logo após a Segunda Guerra Mundial. Na época, dada a dificuldade de se obter leite fresco, ovos, amêndoas e açúcar para os doces tradicionais, surgiu a ideia de misturar leite condensado e chocolate.

O nome foi uma homenagem ao brigadeiro Eduardo Gomes, político e candidato à presidência da república.

✦ A cachaça surgiu como quase tudo... por acaso.
O caldo de cana de açúcar levado ao forno, pelos escravos, era mexido para criar o melado. Um dia esqueceram de mexer a panela, e o produto azedou.
O azedo era álcool que evaporava, ia ao teto e pingava em forma de gotas.
Já era a cachaça formada que "pingava". Daí o nome de PINGA.
Ao pingar do teto nas costas marcadas dos escravos pelos açoites, "ardia" muito.
Daí o nome de ÁGUA-ARDENTE, agora aguardente.
Ao pingar no rosto, eles bebiam e ficavam alegres.
Passaram a bebê-la sempre, quando queriam alegrar-se.
Qualquer que seja o nome, ela caiu no gosto de quase toda a população brasileira.

✦ O queijo existe há pelo menos seis mil anos e sua origem é uma incógnita. Uma famosa lenda conta que ele surgiu acidentalmente.
Um mercador árabe ao sair para cavalgar por uma região montanhosa, sob sol escaldante, levava uma bolsa com leite de cabra para matar sua sede. Após um dia inteiro de galopes, morto de sede, pegou seu cantil e teve uma grande surpresa.
O leite havia se separado em duas partes: um líquido fino e esbranquiçado, o soro, e uma porção sólida, o queijo.

A transformação deu-se devido ao calor do sol, ao galope do cavalo e ao material do cantil — uma bolsa feita de estômago de carneiro — que ainda continha o coalho, substância que coagula o leite.

O processo de fabricação do queijo até hoje segue o mesmo princípio. É feito por meio da coagulação do leite pela ação do composto enzimático extraído do estômago dos bovinos. Parece que tudo no mundo, ou foi inventado pelos árabes ou veio da China.

27 Paletó xadrez

Essa estória ocorreu em 1976, quando o Grupo Pão de Açúcar comprou a grande e importante rede Eletroradiobraz, com lojas de supermercados, hipermercados e magazines. Na época, nós dizíamos que o Pão de Açúcar tinha dobrado de tamanho, pois essa rede era quase do nosso tamanho. Eu era, então, o diretor da Divisão de Supermercados do grupo. Junto com o saudoso amigo, José Valney Brito, diretor financeiro, tivemos a incumbência de assumir a empresa e fundir os escritórios fazendo tudo que pudéssemos para reduzir custos administrativos e operacionais na fusão das duas empresas.

Foi criada, então, uma divisão chamada de Jumbo Eletro que operaria os hipermercados Jumbo, os hipers Baleia e os magazines; e seria gerida pelo Otto Engeler.

Acontece que ele se desligou da empresa e o Abílio optou por me tirar da divisão supermercados e assumir essa nova divisão.

Antes de assumirmos a rede, solicitei à Eletroradiobraz que queria ter uma reunião com todos os gerentes das lojas. Queria deixá-los tranquilos, sem receios de dispensa e lhes dar uma boa ideia da empresa que eles iriam entrar e a sua vitoriosa trajetória.

Assim, no começo da reunião, solicitei que os gerentes se levantassem um a um e se apresentassem dizendo nome etc. etc. e qual loja gerenciavam.

Depois de várias apresentações um gerente se levantou e se apresentou, mas antes dele falar da sua loja, eu disse: você é do interior, não é?

Ele confirmou. Em seguida, outros se apresentaram e eu já sabia quais eram os do interior.

Já no fim das apresentações, alguém me perguntou como eu sabia antecipadamente quem era do interior.

Solicitei que todos os gerentes do interior se levantassem.

Então, olhei para todos e perguntei o que eles tinham em comum.

Ninguém soube dizer e eu então falei: observem que todos estão de paletó xadrez. Assim foi fácil antecipar os que são do interior. Acredite se quiser, mas essa coincidência realmente aconteceu.

28 A onda grisalha

A população acima de 60 anos forma o grupo etário que mais cresce no planeta. Poderemos chegar a ter 1,4 bilhão de idosos em 2030. Precisamos, então, aprender como tratá-los em nossas lojas. A expectativa de vida, que era de 45,5 anos em 1940, já começa a superar os 76 anos. Podemos já ter, hoje, mais de 30 milhões de idosos no Brasil.

Esse grupo está formando um enorme nicho de mercado, e com muito tempo para circular e comprar.

Estudos indicam que na terceira idade as pessoas se interessam mais em adquirir experiências agradáveis, como viagens, estudos, convívios enriquecedores, bom local para compras, entre outros — em vez de ter posses materiais.

Apresse-se em conhecer melhor esse segmento para poder oferecer produtos e serviços compatíveis com suas necessidades, tais como:

- Redução da altura das gôndolas nas lojas.
- Uso de carpetes antiderrapantes em algumas áreas da loja.

- Ter um *checkout* exclusivo para eles.
- Etiquetas de preço com letras e números maiores.
- Embalagens menores e com menos produto.
- Linha de produtos saudáveis e adequados a eles.
- Locais para descansar.

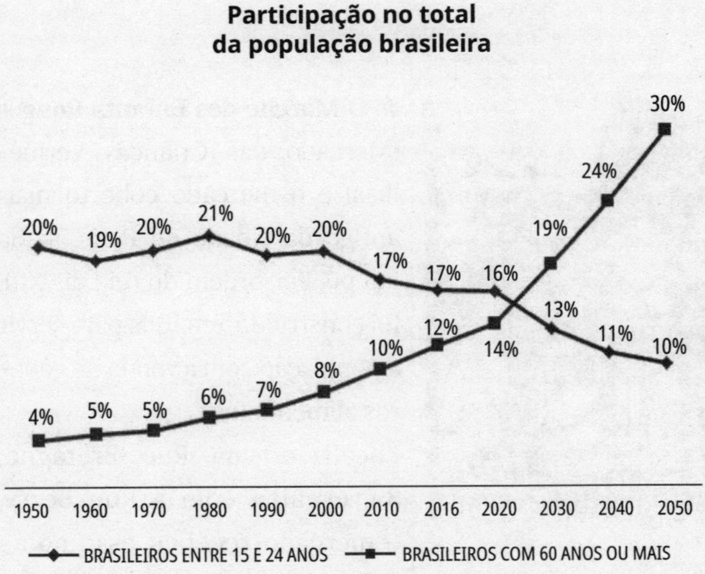

29 Pelo bem da história alimentícia I

(Selecionadas da minha coluna WHAT'S UP)

 # O Marché des Enfants Rouges (Mercado das Crianças Vermelhas) é o mercado coberto mais antigo da cidade de Paris, ainda em pé. Por ordem do rei Luís XIII, foi construído, em 1615, para servir a população com a venda de gêneros alimentícios.

Localizado na Rue Bretagne, 39, esquina com a Rue Berry, o mercado recebeu esse nome por ser vizinho de um orfanato, no qual as crianças vestiam uniformes vermelhos. Era a cor que representava a caridade cristã.

Após mais de três séculos servindo a cidade, o mercado foi infelizmente fechado, em 1994.

Porém insistentes protestos da vizinhança (os residentes do bairro de Marais) fizeram com que ele fosse reformado e reaberto em novembro de 2000.

 # O Mercat San Josep de La Boqueria, localizado em Barcelona, existe há quase 170 anos, na Rua La Rambla, 89, em pleno coração da cidade espanhola.

Suas raízes, entretanto, são muito mais antigas. A primeira referência documentada dele data de 1217, quando um representante do rei concedeu a posse de uma pequena área na La Rambla para o corte e a venda de carne.

Esse local de venda era chamado de La Boqueria no século XIII. Sob tendas de lona, nessa rua que era a mais larga da cidade, aglomeravam-se vendedores de carne de cabrito (em catalão "boc", de onde deriva o seu nome popular).

Do século XIII ao XIX, a cidade cresceu de 30 para 130 mil habitantes, e a atividade comercial na principal rua da cidade ficou muito forte.

Assim, em 28 de Março de 1836, o mercado passou a ocupar o espaço do antigo Mosteiro de San Josep e foi oficialmente batizado de Mercat de San Josep.

É visita obrigatória para quem vai a Barcelona.

 # Borough Market é um dos mais antigos mercados a céu aberto de Londres e um dos maiores mercados de alimentos do mundo. Está situado na capital inglesa numa rua de mesmo nome, apesar de ter mudado diversas vezes de endereço, desde sua criação, em 1276.

Historicamente, foi um mercado de frutas e verduras, mas nos últimos anos tem adicionado barracas com diversos outros produtos, inclusive alimentos especiais.

Isso aconteceu em grande parte devido à nova imagem que o mercado vem adquirindo recentemente, sendo hoje promovido e usado por muitos "chefs de cozinha" britânicos.

 # A Piggly Wiggly, do americano Clarence Saunders, foi a primeira rede de mercearia a utilizar o sistema de autosserviço no mundo. Eles o desenvolveram em uma loja inaugurada em 6 de setembro de 1916, na rua Jefferson, na cidade de Memphis, no Tennessee.

O cliente tinha acesso direto às prateleiras e às mercadorias; e já utilizava cestas, na área de vendas, para levar as mercadorias.

Também foram os responsáveis pela introdução de outras novidades, além do autosserviço e da cesta de compra:

- Os *checkouts*.
- A precificação de todos os itens da loja.
- A refrigeração dos produtos frescos.
- A uniformização dos empregados.
- A franquia dos métodos de varejo em autosserviço sob o nome Piggly Wiggly.

Tais soluções, formuladas para que o consumidor pudesse melhor se servir, em menos tempo e a um menor custo para a loja, revolucionaram todo o varejo e formaram a base para o surgimento do formato supermercado.

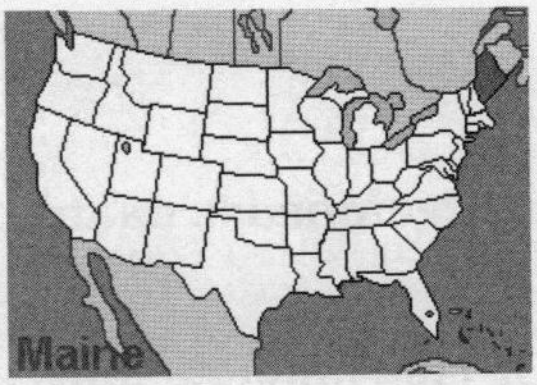

No século XVIII, **o estado do Maine**, nos EUA, era tão rico em lagostas que elas eram utilizadas para fertilizar as terras das fazendas. No século XIX, ainda eram tão numerosas que a lagosta era chamada de "a comida dos pobres".

Os habitantes da **cidade do Porto**, em Portugal, são conhecidos como tripeiros.

Tal apelido foi dado devido aos sacrifícios que fizeram para ajudar o exército que conquistou Ceuta, em 1415. Diz-se que eles deram toda a comida boa às tropas e ficaram apenas com as tripas para comer.

Por essa razão, atualmente, um dos pratos mais tradicionais da cidade é "Tripas à moda do Porto".

30 Pelo bem da história alimentícia II

(Selecionadas da minha coluna WHAT'S UP)

 # Os romanos antigos gostavam tanto de *fast food* quanto nós gostamos, hoje em dia. Frequentemente, comiam fora, e rápido, nas muitas lojas de comida quente e tavernas onde refeições podiam ser levadas para casa ou consumidas no local.

Todos os alimentos usuais dos romanos eram encontrados nessas lojas, incluindo salsichas quentes, pão, queijo, tâmaras e, naturalmente, vinho.

Um outro lugar no qual podiam comer bem eram nos Banhos, locais típicos da Roma Antiga que ofereciam, além do banho, outros confortos para os cidadãos romanos, como cabeleireiro, biblioteca e lanches.

As pessoas também compravam comida a caminho dos jogos. Às vezes, os animais abatidos na arena eram rapidamente cozidos e servidos aos espectadores.

 # As primeiras Vending Machines da história vendiam cartões postais por um *cent*, na Londres de 1880.

Em 1888, a empresa de chicletes Thomas Adams Gum Company instalou, nas plataformas do metrô de Nova York, máquinas de venda automatizada de chicletes semelhantes às londrinas.

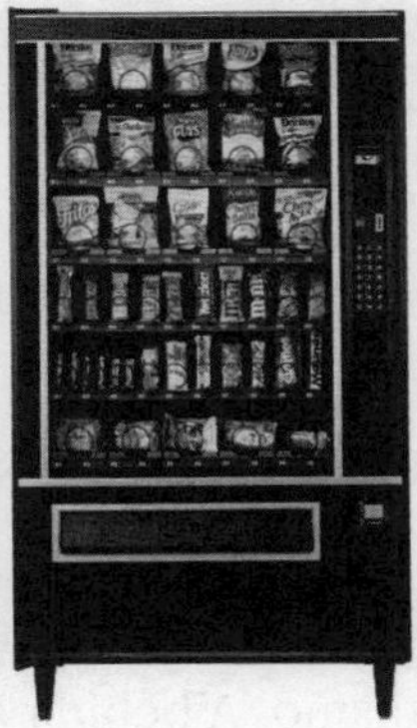

Em pouco tempo, elas passaram a vender cigarros, selos, refrigerantes, livros e até música – como é o caso da Jukebox dos anos 50.

Em 1954, Gerry Thomas, que trabalhava na Swainson & Suns, subsidiária da Campbell Soup Company, teve uma ideia para aproveitar a carne de peru que sobrara do feriado de Ação de Graças.

Ele embalou a carne de peru com ervilhas e batatas doces numa bandeja de alumínio com três divisões para os alimentos. A seguir, era congelada. Na hora de consumir, a bandeja era retirada por inteiro da embalagem, ia diretamente ao forno e também servia de prato.

O nome dado ao novo produto foi **TV Dinner** e foi originalmente vendido por 98 centavos de dólar.

O sucesso foi tamanho que a estimativa de vendas de cinco mil unidades foi superada pela venda de dez milhões no primeiro ano de produção. O nome TV Dinner, fazendo alusão a ideia de poder jantar enquanto se via televisão, virou sinônimo de refeição rápida e muito prática.

O Gatorade foi criado em um campo de futebol americano pelos cientistas da Universidade da Flórida, na década de 60. O treinador do time local - o Gators - pediu à equipe de cientistas que achassem uma solução para a queda de rendimento físico e desempenho do seu time, durante os treinos e jogos. O resultado do trabalho de pesquisa foi uma bebida que proporcionava a reposição rápida dos líquidos, carboidratos e sais minerais perdidos pelo organismo. A bebida ajudou os Gators a ganhar o campeonato da temporada e foi posteriormente chamada de Gatorade, em homenagem ao time.

Símbolo da Páscoa e um dos doces mais venerados no mundo, o chocolate tem origem nas regiões tropicais das Américas Central e do Sul.

Tchocolath era o nome asteca (civilização antiga mexicana) de uma bebida a base de semente de cacau.

O conquistador do México, Hernan Cortez, levou o costume para a Europa e a bebida se disseminou entre os aristocratas. Ele ficara intrigado com a poção escura que os nativos bebiam e ofereciam aos deuses, porque ela dava a eles um vigor impressionante. "Uma taça da tal bebida permitia aos homens caminhar um dia inteiro sem a necessidade de outros alimentos", escreveu Cortez ao imperador Carlos V.

Em 1657, surgiu em Londres a primeira loja especializada em chocolates.

Durante o século XVII, a bebida se popularizou em toda a Europa.

 # A cana de açúcar já era conhecida, há seis mil anos, em vários países do oriente. Notícias sobre o processo de produção de açúcar datam de 500 a.C., na Índia. Os árabes introduziram, no século VIII, o produto na Europa. O plantio da cana foi levado para alguns países europeus e depois, no século XV, para as ilhas da Madeira, São Tomé, Angola e Brasil. A cana chegou ao Brasil em 1532, na capitania de São Vicente; seguiu para o norte, pelo litoral, até Pernambuco. Os engenhos se multiplicaram e começou a surgir a segunda grande riqueza do Brasil, após o pau-brasil. Até hoje, continuamos a ser a civilização do açúcar.

31 Momentos importantes do nosso setor

- **1903** – É registrada a marca Pepsi-Cola, que buscava acompanhar o sucesso da marca Coca-Cola.
- **1912** – A&P, famosa loja em cadeia de chá e afins, introduz o autosserviço e começa um programa para abrir uma loja a cada três dias.
- **1916** – Inaugurada a primeira loja em autosserviço de alimentos, a Piggly Wiggly, em Memphis, EUA.
- **1916** – Franklin Davis, em Houston, Texas criou uma loja em autosserviço com *checkout*, borboleta e cestinho para os clientes.
- **1922** – Surge o primeiro refrigerador para lojas em autosserviço. Na verdade, era um tanque com gelo e sal para expor produtos perecíveis.
- **1929** – The Great Atlantic & Pacific Tea Co., conhecida como A&P, operava, no fim do ano, 15.418 mercearias. Muitas delas em autosserviço, com venda anual acima de um milhão de dólares.
- **1929** – A rede The Kroger Co. operava 5.575 mercearias, a maioria em autosserviço.

- **1930 –** Michael J. Cullen inaugura em Jamaica, NY, o primeiro supermercado do mundo: o King Kullen.
- **1931 –** A loja de departamentos americana, Sears, vende a primeira geladeira para uso doméstico, produzida pela General Electric.
- **1933 –** Dizem que foi o ano em que, pela primeira vez, se usou o nome supermercado em uma loja. Foi usado pela loja "Albers Supermarket."
- **1937 –** A indústria de alimentos Kraft lança no mercado um produto de macarrão com queijo, criando o primeiro *meal solution* ou a primeira venda combinada.
- **1937 –** Pela primeira vez, foi usado o carrinho de supermercado, semelhante ao atual, numa loja em Oklahoma City, EUA.
- **1937 –** The Supermarket Institute, o predecessor do Food Market Institut, organiza a primeira convenção de supermercados, no Hotel Astor em Nova York; 124 redes supermercadistas compareceram e o número de visitantes foi aproximadamente de mil pessoas.
- **1939 –** A RCA lança a primeira televisão do mundo, na feira mundial de 1939.
- **1943 –** Com a redução da linha de produtos alimentícios, por causa da segunda guerra mundial, os supermercados americanos introduziram itens de bazar e perfumaria nas lojas.

- ✦ **1947 –** O frigorífico Wilson abre a Casa Araújo em São Paulo, na rua Araújo, 154, que foi a primeira experiência brasileira em vendas em autosserviço.
- ✦ **1953 –** É inaugurada a primeira loja de supermercado no Brasil: o Sirva-se, na rua Consolação, 2581, em São Paulo.
- ✦ **1954 –** Surge o Supermercado Peg Pag, na Rua Rego Freitas, 172, em São Paulo. O nome Peg Pag virou a principal rede do Brasil e passou a ser sinônimo de supermercado por muito tempo.
- ✦ **1954 –** Primeira refeição pronta congelada. Introduzida pela Swanson & Suns, subsidiária da Campbell Soup Company.
- ✦ **1955 –** Surge o primeiro modelo doméstico de micro-ondas, introduzido pela Tappan.
- ✦ **1955 –** Ray Kroc inaugura o primeiro McDonald's, em De Plaines, Illinois.
- ✦ **1956 –** É inaugurado o Supermercado Disco, na Rua Siqueira Campos, no Rio de Janeiro.
- ✦ **1962 –** A primeira farmácia introduzida em uma loja de supermercado aconteceu no Giant Food, em Baltimore (EUA).
- ✦ **1962 –** Sam Walton abre sua primeira loja de desconto, a Wal-Mart, em Rogers, Arkansas (EUA).
- ✦ **1962 –** No mesmo ano, surgem também as lojas Kmart e Target.

- **1966** – Já havia, no Brasil, 997 supermercados em operação.
- **1970** – Surge o primeiro hipermercado no Brasil: o Peg Pag em São José dos Campos (SP).
- **1972** – Primeiro uso de *scanner* no *checkout* surgiu na Rede Marsh em Dayton, Ohio (EUA).
- **1974** – A rede americana Marsh, de Detroit, foi a primeira a operar *checkouts* automatizados com leitor ótico.
- **1976** – Sol Price inaugura seu primeiro Club Atacadista, em San Diego, na California, com dez mil metros quadrados de área de vendas, e usando o nome fantasia de Price Club.
- **1978** – A rede canadense Loblaw´s introduz no mercado os produtos genéricos, produtos sem marca fantasia. Em seguida, cria sua primeira marca própria, The President's Choice.
- **1988** – Surge, no Brasil, a primeira loja de conveniência em um posto de gasolina da Shell, chamada Express, na avenida Moreira Guimarães, 700. Foi desenvolvida por uma *joint venture* entre a Shell e o Pão de Açúcar. A equipe que a desenvolveu foi coordenada por mim.
- **1999** – O grupo francês Carrefour, ao incorporar a rede Promodés, torna-se a segunda maior rede mundial, com vendas próximas a 61 bilhões de dólares.
- **1999** – A rede francesa Auchan abriu seu primeiro hipermercado de desconto, em Chelles, a leste de Paris, com 4.580 metros de área.

- ✦ **2000 –** Cresce muito a concentração das redes supermercadistas no Brasil e no mundo.
- ✦ **2000 –** A ideia do *Small is Beautiful* chega para ficar nos supermercados, que começam a encolher sua área de vendas, seu sortimento e sua variedade. Surge, então, no Brasil, as lojas de proximidade, com um crescimento vertiginoso.
- ✦ **2018 –** Inauguração da primeira loja Amazon, nos Estados Unidos que opera sem nenhum funcionário.

32 O cliente que nunca volta

Sam Walton, em uma convenção da sua rede número um do mundo, o Wal-Mart, falando sobre a importância de se ter ótimos serviços nas lojas, apresentou-se assim:

"Você sabe quem eu sou? Eu sou o homem que vai a um restaurante e espera pacientemente, enquanto o garçom faz tudo — menos anotar o meu pedido.

Eu sou o homem que entra num posto de gasolina e nunca usa a buzina, mas espera pacientemente ser atendido.

Eu sou o homem que vai a uma loja e espera calado ser atendido, enquanto os assistentes terminam suas conversas particulares.

Eu sou o homem que entra numa loja e espera ser notado com um sorriso, coisa rara de acontecer.

Você deve estar pensando que sou uma pessoa calma, tranquila, paciente, do tipo que nunca cria problemas... engana-se.

Sabe quem eu sou? Eu sou o cliente que nunca mais volta.

Só existe um chefe e não sou eu, mas o cliente. Ele pode demitir do faxineiro ao presidente, simplesmente levando seu dinheiro para gastar em outro lugar, onde é recebido com mais cortesia, atenção, presteza e um sorriso".*

*Adaptado do discurso de Sam Walton.

33 Contador de geleias

Durante vários anos, organizei para a Abras, a Associação Brasileira de Supermercados, as várias viagens de estudos ao redor do mundo. O foco era estudar e ver o que acontecia no nosso mundo supermercadista, em vários países espalhados pelos diversos continentes. Para tal, eu programava uma extensa visita as lojas, reuniões e palestras. Nas visitas às lojas, eu tinha o costume de sempre contar o número de SKU (*stock keeping unit* – código de identificação de produtos) de geleias.

Esse costume foi sendo observado pelos participantes e era motivo de muitas brincadeiras, mas não entendiam por que eu fazia isso. Eu também não contava para eles, até porque não tinha certeza dos reais motivos que me levavam a fazer aquilo. Foi ficando um mistério.

Na verdade, entendi depois que foi uma forma que encontrei de fazer comparações entre as lojas. As alemãs e francesas tinham uma enorme variedade e um grande sortimento de geleias. Além do poder aquisitivo, os alemães sempre foram fortes consumidores de geleia pela manhã.

As americanas, que serviam a classe A e B, também eram generosas com o sortimento que chegava às vezes a 150 SKU. As mais voltadas a classes mais populares tinham bem menos, chegando a 50 SKU. No Japão, lembro que tudo era reduzido, do tamanho das lojas ao seu sortimento.

No Brasil, passei também a observar isso e em lojas com um público seletivo; contava cerca de 100 a 140 SKU, o que me parecia um exagero para o país. Nunca me esqueci de uma loja, em Brasília, lá pelos idos do início do século, onde fui fazer um trabalho de consultoria, e contei só 2 SKU. Não tinha nem sabores, só duas marcas de geleia de morango.

Acabei me especializando a fazer observações e comparações entre lojas e mercado contando geleias; e depois alguns outros produtos também.

Durante uma convenção supermercadista, em Atibaia, fui visitar a fábrica de geleias da Queensberry, que era lá perto, com seu presidente, o Cristiano Moraes, um grande amigo, que me apresentou a seus sócios dizendo: este é o Ascar, o famoso contador de geleias.

Preciso confessar que nunca fui um grande consumidor de geleias, mas elas entraram para valer no meu mundo supermercadista.

PARTE 2

Histórias contadas por diversos supermercadistas

34 Rir é o melhor negócio II

Uma vez uma cliente conhecida estava comprando, em minha loja, um frango de uma marca pouco conhecida. Eu estava observando e lhe disse que ela era cliente de frango Swift ou Sadia, e não dessa marca pouco conhecida. Então, ela me respondeu:

— Não sou fiel nem ao meu marido, vou ser fiel a frango?

✦✦✦

No lançamento do óleo de canola, comprei e coloquei a venda em minhas lojas. Uma semana depois, perguntei se a cliente tinha gostado do produto, e ela me respondeu:

— Muito bom, olha como meu cabelo melhorou.

✦✦✦

A mulher era hipocondríaca. Quando lançaram moedas de um centavo do tamanho de um comprimido, ela — quando a caixa do supermercado lhe deu o troco, incluindo três moedas — imediatamente tomou duas.

✦✦✦

Para alcançar um objetivo é necessário sonhar. Então, não perca tempo, largue tudo e vá dormir.

+++

Hoje me perguntaram: você não fica triste ao ver todos os seus amigos casados e você ainda solteiro? Respondi:

— Fico, mas não sei como ajudá-los.

+++

Dois velhinhos conversando, o João pergunta para o amigo:

— Oh Zé, como está sua vida sexual?

Ele responde:

— Tá igual a Coca-Cola... Antes era normal, depois virou *light* e agora é zero.

+++

Em uma das consultas médicas, feitas por um conhecido supermercadista, o médico perguntou: o sr. bebe? Ele respondeu:

— Aceito.

O médico disse, então:

— Não, eu quis saber se o senhor bebe álcool.

— Só quando acaba a pinga, respondeu o paciente.

+++

Uma esposa envia a seguinte mensagem para seu marido:

— Querido, não se esqueça de passar no supermercado e comprar pão, ao voltar do trabalho. Mais uma coisa, sua namorada Fátima também está aqui e diz olá para você.

— Quem é Fátima?, pergunta o marido.

— Ninguém. Só queria que você respondesse, para ter a confirmação de que viu minha mensagem.

— Mas eu estou com a Fátima agora, achei que você tivesse me visto!

— O quê! Onde você está?

— Perto do supermercado, responde o marido.

— Espere, estou indo para aí agora mesmo!

Após cinco minutos, a esposa envia uma mensagem:

— Estou no supermercado, onde você está?

— Estou no trabalho. Agora que você está aí, compre o pão e vá para casa!

**Colaboração de João Carlos Devens.*

35 Onde é o Brasil

Uma viagem, muitos aprendizados e muitas surpresas

Em 1995, numa das convenções do Food Marketing Institute (FMI), a tradicional feira anual internacional de supermercados de Chicago, muito frequentada por nós, brasileiros, fiquei hospedado num hotel não muito distante de um supermercado. No primeiro dia, acordei cedo, tomei o café da manhã e, antes de ir para a convenção, resolvi visitá-lo. Até os dias de hoje, como tantos outros ex-supermercadistas, eu preciso sempre entrar em supermercados.

Depois de percorrer toda a loja, acabei por escolher algum produto para levar. Quando cheguei no caixa, a operadora me cumprimentou com um gostoso "bom dia". Eu retribuí a gentileza e disse algumas palavras. Eu falava um inglês razoável, mas com um certo sotaque.

Ela me perguntou em seguida:

— De onde você é?

Respondi que era do Brasil, e ela:

— Ah, você é de Indiana!

Fiquei um pouco confuso, mas depois descobri que realmente existe uma cidade nos Estados Unidos, chamada Brazil, no estado de Indiana, fundada em 1866.

Eu respondi que não e ela, então, para minha surpresa, perguntou:

— *Where is your Brazil?* (Onde fica o seu Brasil?)

Chocado, eu respondi:

— *In South America!!!* (Na América do Sul)

E ela:

— *Where is South America?!* (Onde é a América do Sul?!).

É para rir ou para chorar?

E assim caminha a humanidade.

**Colaboração de Bogdan Igor Holovko.*

36 Frente de Caixa: nova dimensão no atendimento

Participar de eventos supermercadistas em Chicago — feiras, palestras e visitas à lojas — sempre foi uma ótima oportunidade de ver, ouvir, conversar e aprender coisas novas.

Numa dessas viagens, aconteceu algo que trouxe uma inovação para a rede Sé Supermercados, onde eu trabalhava: uma nova maneira de se relacionar com o cliente, principalmente na frente de caixa.

Em 1992, chegava ao hotel em Chicago, próximo das 11 horas da noite.

Com fome, deixei as malas no quarto e fui para o restaurante do hotel; temendo que ele já estivesse fechado. A porta estava aberta e tinha apenas duas mesas ocupadas, porém ele fecharia em cinco minutos.

Entrei e, vendo um atendente vindo em minha direção, perguntei se eu poderia comer alguma coisa naquele horário. Ele com uma expressão e postura acolhedora respondeu:

— Sim!! Seja bem-vindo!!!

Fiquei aliviado e contente. Ele conduziu-me gentilmente até uma mesa, trazendo-me o menu. Perguntou-me se era a primeira vez que eu visitava o restaurante e como minha resposta foi positiva ele disse:

— Nosso restaurante é muito conhecido em Chicago pelos nossos peixes e o mais pedido é este, apontando o nome no menu. Aconselho também uma entrada de cogumelos, que o senhor vai gostar, e como sobremesa indico uma torta cremosa típica da nossa região.

Logo chegou a entrada. Alguns minutos depois, ele trouxe o prato principal perguntando:

— O senhor gostou da nossa entrada?

Enquanto saboreava o delicioso peixe, o atendente passou pela minha mesa querendo saber se eu precisava de mais alguma coisa e se estava tudo bem.

Assim que terminei de comer o peixe, ele veio com a sobremesa e me perguntou novamente:

— O senhor gostou do nosso peixe?

Quando terminei de comer a torta, novamente o atendente me perguntou:

— O senhor gostou?

Quando voltei para o quarto, continuei com as palavras do atendente na minha cabeça:

— O senhor gostou?

Eu estava impressionado com a experiência que tive. Cheguei também a pensar que ele havia sugerido os pratos por conveniência do restaurante já no fim do expediente, mas eu estava feliz com aquilo tudo.

E logo pensei se algo dessa experiência poderia ser aproveitada em nossa rede. E se a operadora de caixa perguntasse ao cliente, ao passar seus produtos, sobre sua experiência de compra naquele dia?

Perguntas do tipo:

— Faltou algum produto hoje?

— Foi tudo bem na sua compra hoje?

— Gostou da nossa loja hoje?

Foi isso que implantamos em toda nossa rede de supermercado, valorizando mais o trabalho na frente de caixa — agora com mais reuniões entre os encarregados e funcionários desse setor para analisar os comentários dos clientes.

Paralelamente, foram criados comitês de funcionários nas lojas, com representantes de todas os setores, que tinham contato com os clientes e trocando experiências sobre o que o cliente dizia gostar e não gostar na loja.

Cada loja tinha um comitê. Esses comitês também, durante a reunião, levantavam os pontos que eles próprios, os funcionários, apreciavam ou não na loja.

E para completar, cada loja tinha o seu comitê de clientes, onde os próprios clientes diziam o que gostavam ou não ao fazerem suas compras.

A qualidade do serviço aos clientes foi muito intensificada e eles se sentiram muito valorizados. E é claro que as vendas agradeceram todo esse trabalho introduzido. Enfim, como é bom viajar, aprender e principalmente conseguir utilizar esse aprendizado.

**Colaboração de Bogdan Igor Holovko.*

37 Uma estória em Montreal

Entre os diversos trabalhos em conjunto com o amigo Ascar, talvez o mais interessante tenha sido a programação e realização de visitas técnicas a supermercados ao redor do mundo.

Na época, na década de 2000, o Ascar, como consultor da ABRAS e eu, como superintendente, pesquisávamos empresas com processos e tecnologias inovadoras para levar aos integrantes das viagens técnicas às diversas feiras e salões internacionais. (FMI nos Estados Unidos, SIAL na França e ANUGA na Alemanha)

É lógico que nessas viagens ocorriam situações engraçadas.

Mas uma que me marcou foi durante uma visita prévia, para estudos, a Montreal; em pleno inverno, com o mar congelado no cais e ao redor dos navios ancorados. A temperatura era de 28 graus negativos.

Saímos para jantar em um restaurante que ficava a 150 metros do hotel onde estávamos hospedados. Como era perto, fomos a pé.

O Ascar vestia um casaco longo de lã e nada mais; eu, com sobretudo, luvas forradas de lã, gorro de esquiador e cachecol.

As calçadas tinham na lateral uma parede de neve e gelo de nevascas anteriores e o Ascar quis fazer uma graça. Passou a mão na neve e disse:

— Veja que lindo? Fez uma bola de neve e jogou em mim.

Estávamos a meio caminho do restaurante e ele começa a congelar! Verdadeiramente congelar é o termo, tremia muito. Tinha o nariz, as mãos e os lábios já meio azulados!

Dei-lhe minhas luvas, o meu cachecol para cobrir a cabeça e o pescoço. Corremos para o restaurante e imediatamente ele recuperou sua cor original, diante do fogo da lareira. Macho que é macho deveria aguentar 28 graus abaixo de 0, não?

**Colaboração de Tom Erdos.*

38 Vivendo e aprendendo

José Humberto Pires de Araújo, ex-presidente da Abras, conta como foi seu primeiro dia de trabalho em um supermercado.

Esse seu primeiro dia, em um supermercado da família, em Brasília, foi logo muito esclarecedor.

"Chegando em Brasília, no dia 21 de janeiro de 1969, dois dias depois comecei a trabalhar nessa loja da família. O gerente, sr. Vieira, me pediu para varrer a loja. Comecei lá de trás e fui varrendo para a frente da loja. Quando cheguei lá, pedi ao gerente para abrir a porta para terminar o trabalho e botar o lixo para fora.

Recebi minha primeira bronca, no primeiro dia.

O gerente foi logo dizendo que se varre a loja da frente para os fundos, onde a sujeira é acumulada para descarte.

— É uma forma de chamar clientes. Se você varrer de trás para a frente, você expulsará os clientes. E nós queremos é atraí-los para a loja.

Foi um primeiro dia difícil, mas esclarecedor, caso se acredite em superstições.

Com 13 anos de idade, fui promovido a repositor e aí comecei a conhecer melhor nosso mundo supermercadista.

Virei até presidente da Associação Brasileira de Supermercados. Mas esse primeiro dia foi uma aula excelente e esclarecedora."

**Colaboração de José Humberto P. Araújo.*

PARTE 3

Histórias contadas por

João Carlos de Oliveira Junior

39 Canton Fair

Éramos um grupo de 20 pessoas numa viagem à China, organizada pela ABRAS, Associação Brasileira de Supermercados, em 2006, para participar de uma feira de supermercados, na cidade de Guangzhou, a convite do governo dessa província chinesa.

Quando estávamos retornando, passamos três dias em Pequim. Dentro da programação, visitamos a Muralha da China, única construção humana visível do espaço, com seus seis mil quilômetros de extensão e mais de 2.500 anos de existência. Estando lá, nosso grupo se dividiu e três pessoas foram para um determinado lugar da muralha, outras duas para outro local, e assim por diante.

Em um dos pequenos grupos havia dois supermercadistas do estado de Santa Catarina, o José Emilio Menegatti, então presidente da associação estadual, e o João Lohn. Em um determinado momento, o Menegatti pediu ao colega para gravar um depoimento, que ele gostaria de mandar para sua família.

Quando o Lohn começou a gravação, o Menegatti iniciou falando que estava muito feliz por estar conhecendo a Muralha da China, um monumento milenar e o único do mundo que pode ser visto do espaço etc. etc. Disse que gostaria de agradecer à associação de supermercados do seu estado por ter proporcionado este momento, bem como à sua família, especialmente seus filhos e a filha recém-nascida, além de sua esposa, por terem incentivado essa viajem. Quando citou sua esposa, seus olhos se encheram de lágrimas e começou a chorar de emoção.

Ao concluir a gravação, o Menegatti foi conferir o que tinha sido filmado e se deu conta de que o vídeo não havia sido feito pelo seu colega, que em vez de apertar o botão de gravar, apertou um outro botão qualquer. Exaltado e xingando disse: "Você não gravou nada po...! Como é que você aperta o botão errado? Ao invés de apertar o botão da esquerda, tinha que ser o da direita. Vamos ter de fazer de novo!".

Ao repetir o processo, disse novamente que estava na Muralha da China, o único monumento do mundo que pode ser visto do espaço e que queria agradecer a associação de supermercado do seu estado, seus filhos e a sua esposa. Quando falou da esposa, começou a chorar novamente muito emocionado.

Com tanto talento artístico, depois desse episódio, o Menegatti foi deixando de ser supermercadista e virou um conhecido palestrante de autoajuda, atividade que já vinha exercendo junto com a de supermercadista. Assim foi ele se especializando nesse novo caminho, pois tinha esse dom de controlar seus sentimentos e demonstrá-los da maneira que quisesse.

40 Momento de sinceridade

Participava de um jantar, em Florianópolis, para um público supermercadista. Um evento que aconteceu um dia antes da inauguração da convenção da ACATS, Associação Catarinense de Supermercados. Estávamos em um grupo de quatro pessoas e a conversa fluía muito agradável, quando alguém se aproximou, se apresentou e começou a conversar com o presidente da associação local, o José Emilio Menegatti, que também fazia parte desse grupo.

Eis que, no decorrer da conversa, em função de algum detalhe importante sobre aquilo que estavam falando, o presidente perguntou a esse executivo:

— Mas que idade o senhor tem?

— Tenho 42 anos - o homem respondeu.

O presidente o observa bem, e diz com a maior naturalidade:

— Nossa, mas a vida lhe tratou muito mal então, insinuando que o rapaz aparentava ser mais velho do que parecia.

Ainda bem que ele não se ofendeu e levou a situação na brincadeira, amenizando qualquer mal-estar que o comentário pudesse ter gerado.

Muito sutil esse presidente!

41 Quatro estórias de troca do Sussumu Honda: Troca de sapato

Em uma viagem para o Japão, nosso grupo supermercadista entrou, para jantar, em um restaurante tradicional. Como de costume, nesse país, tivemos que tirar os sapatos para jantar. Nossa conversa foi regada a bastante saquê, que é uma bebida típica do país. Na saída do restaurante, eu era o último do nosso grupo a sair. Quando fui colocar o sapato que sobrou, ele estava meio apertado, mas como já tinha bebido bastante não me preocupei com isso.

Seguimos todos para o hotel para descansar. No dia seguinte, eu acordo, olho para o sapato e me dou conta que tinha voltado para o hotel com um sapato que não era meu. Contei para o pessoal, que começou a questionar de quem poderia ser. Na hora só pensei em uma pessoa que poderia ter feito aquilo.

Coloquei outro calçado que eu havia levado e desci para tomar o café da manhã. Quando olho para o pé de quem eu estava suspeitando, lá estava o meu sapato. Ele estava tomando café da manhã calçado com o meu sapato, como se nada tivesse errado. Aproximei-me e disse:

— Não tem nada de errado com você?

— Não, não, ele disse.

Eu falo, então, em tom de riso:

— Tu és um cara desligado mesmo.

— Como assim?, ele questiona.

— Você está com o meu sapato, disse rindo.

Caímos na gargalhada e ele responde:

— Então, tá, vamos trocar os sapatos.

O mais engraçado e curioso de tudo isso é que os calçados não eram nem parecidos, e mesmo assim ele não havia percebido até eu comentar.

42 Quatro estórias de troca do Sussumu Honda: Troca de carro

Outra passagem divertida envolvendo mais uma vez esse amigo distraído, foi em um almoço num restaurante próximo à sede da ABRAS.

Ele foi com um carro prata e quando estávamos saindo do restaurante, ele entrou, sem perceber, por engano, em um outro carro da mesma marca e saiu. Sorte que estávamos atrás dele e o manobrista perguntou:

— Vocês conhecem aquele senhor que saiu no carro da frente? Ele saiu com o carro errado.

— Como assim, errado?, eu questionei.

— Ele entrou aqui com um carro prata e saiu com um carro preto.

Fomos atrás dele para avisar e quando chegamos na ABRAS dissemos:

— Você trouxe o carro errado e agora precisa ir lá devolver.

Ele ficou muito surpreso, pois chegou na ABRAS e não percebeu que estava com o carro errado. Na mesma hora saiu e foi correndo devolver o carro que não era dele.

43 Quatro estórias de troca do Sussumu Honda: Troca de mala

Em viagem para os Estados Unidos, o Sussumu Honda e eu fomos participar da NRF em Nova York. Ele foi acompanhado pela sua esposa, Rosania.

Porém, antes de ir para Nova York, ele e a esposa foram visitar a cunhada que estava morando em uma pequena cidade próxima a Nova York.

Após alguns dias, voaram para Nova York. Ele para participar da feira NRF e ela para fazer uma conexão de voo para o Brasil. Assim, as malas deveriam ir para destinos diferentes. Acontece que o Sussumu inverteu as malas. Assim, a dele seguiu para São Paulo com a mulher Rosania e a dela ficou em Nova York com ele. A consequência dessa confusão foi que ele ficou sem nenhuma roupa para trocar. Ainda tinha as roupas da esposa, mas elas não lhe serviam.

Coisas de Sussumu.

44 Quatro estórias de troca do Sussumu Honda: Troca de casaco

Estávamos em um jantar com aproximadamente 15 pessoas, todas conhecidas do mundo supermercadista. O Sussumu se sentou ao lado de uma mulher. Quando fomos embora, ele pegou o casaco dela por engano. Quando ele já estava saindo, ela percebeu que o seu casaco havia sumido e começou a procurá-lo, quando avistou o Sussumu na ponta da mesa, disse:

— Sussumu, esse é o meu casaco.

O divertido foi que o casaco dela cabia perfeitamente nele.

45 Situação inusitada

Novamente em viagem organizada pela ABRAS a Paris, uma certa noite saímos para jantar fora. Estávamos eu e mais três amigos com suas respectivas esposas, além de um outro amigo supermercadista que estava sozinho. Ele era bem próximo da gente, mas não conhecia as esposas que estavam presentes.

Estávamos saindo do restaurante e, quando entrávamos no ônibus para voltar, ele começou a contar que tinha um problema que o assombrava desde muito novo. Ficamos curiosos e resolvemos questionar que problema era esse. Então, ele contou que deixou de urinar na cama somente com 19 anos.

Ele dizia indignado: "Era horrível, porque eu me lembro que desde criança até adolescência eu urinava na cama".

As esposas ficaram espantadas, olhando com surpresa, porém quietas e apenas observando.

O mais curioso é que ele continuava com naturalidade: "Mas isso não foi o pior, o problema ficou maior quando eu já estava com uns 18 anos. Eu arrumava namoradas, só que o romance durava apenas uma noite, porque eu dormia com elas e acordava no meio da noite com a cama toda molhada. Morria de vergonha disso e acabava indo embora".

O mais engraçado é que ele contava como se fosse uma história normal do dia a dia, igual a um conto da cigarra e da formiga. Todos ficaram surpresos e riam ao mesmo tempo meio sem graça. Resumindo, foi um momento bem hilário, cômico e trágico. Só não posso dizer o nome da pessoa que é bem conhecida.

46 Harvard – convenção

Outro momento curioso durante minha vida de supermercadista, foi uma viagem, em maio de 1999, para o Food Marketing Institute, em Chicago. Passamos em Boston e ficando três dias na Universidade de Harvard, onde tivemos uma programação bem interessante organizada pelo amigo Ascar.

Lá ficamos com três professores brasileiros visitando a cidade e tendo palestra com eles, que lecionavam sobre economia e assuntos do varejo em geral.

Ao visitarmos a universidade, logo na entrada, nos deparamos com uma estátua enorme do fundador John Harvard. Nisso, uma pessoa do grupo ficou deslumbrada de estar ali. Ao ver aquela escultura imensa, começou a colocar a mão no pé da estátua de John Harvard, superemocionada.

Depois dessa viagem, tivemos, em junho do mesmo ano, a convenção da Associação de Supermercados de Santa Catarina. Na ocasião, o presidente João Batista Lohn, que esteve conosco em Harvard, começou a abertura com sua habitual informalidade. Ressalto que estavam presentes o governador Esperidião Amin e sua esposa, que era a prefeita da cidade, para prestigiar o presidente da associação.

Assim que entrou a prefeita, o João quebrou o protocolo e deu dois beijinhos no rosto dela. Depois disso, ele foi fazer um discurso e naquele dia estava muito calor. E então ele diz:

— Nossa, tá muito quente, não é governador?

O governador concorda, balançando a cabeça.

Então, ele completa:

— E para o senhor que não tem cabelo, a gente consegue vê-lo suando daqui.

A plateia toda deu risada. E então ele continuou seu discurso, relembrando sobre a última viagem.

"Em Harvard, havia uma estátua gigante do fundador. Imagina eu colocando a mão no pé do John Harvard, que emoção!!!"

Foi um momento muito engraçado e como ele não lê discurso — porque antigamente ele tinha problemas por ser gago — só conseguia falar sem gaguejar de forma improvisada, o que deixou o discurso muito divertido.

Após sua fala, foi a vez do governador fazer a dele e, quando começou, ele interrompeu o governador dizendo:

— Isso que o senhor está falando, eu ia dizer também. É porque não li meu discurso e esqueci, mas vou mostrar a você depois.

O governador seguiu então com uma risada sem graça e não deu muita atenção.

Foi assim que começou a cerimônia de abertura de uma das feiras mais importantes do setor e, pelo seu presidente, uma das mais divertidas.

47 Casa do Gaudí

Estávamos em Barcelona participando da Alimentaria, uma feira de alimentação que acontece a cada dois anos na cidade. Éramos cerca de 20 pessoas.

Dois dos integrantes desse grupo, o Júlio César Lohn e um fornecedor queriam ir à casa do Antoni Gaudí, um famoso arquiteto espanhol; porém, durante o percurso, resolveram brincar com o taxista.

Eles sabiam que o Gaudí tinha uma casa em uma das avenidas famosas de Barcelona e sabiam que ele já havia morrido há bastante tempo, mesmo assim seguiram com a brincadeira. Durante o percurso, perguntaram ao taxista:

— Você acha que o sr. Gaudí estará acordado quando a gente chegar lá?

Ele olhou confuso e respondeu:

— Como assim? É claro que não, o Gaudí morreu.

Todos num grito de espanto questionaram:

— Como assim?

Um deles tirou uma camisa do Barcelona que havia comprado e disse:

— Ele morreu? Como assim? Nós estamos levando uma camisa do Barcelona para ele autografar.

E o motorista repetiu mais uma vez:

— Mas ele morreu.

— Mas quando ele morreu que não estamos sabendo?, perguntaram.

E o motorista respondeu:

— Acho que morreu faz uns 100 anos.

E seguiram com o questionamento:

— Como assim 100 anos? Nós compramos uma camisa do Barcelona para ele autografar. Eu até falei para o meu filho que voltaria com uma camiseta assinada pelo Gaudí.

E ficaram cerca de 20 minutos nessa conversa mole e doida, deixando o motorista pensar que realmente acreditavam que o Gaudí ainda estava vivo.

48 Pérolas em aeroportos

Uma vez o Sussumu Honda, ex-presidente da Abras, e eu desembarcamos no aeroporto de Miami; e ele estava usando uma capanga (um tipo de carteira de mão). Quando saíamos em direção ao estacionamento, ele se deu conta de que havia esquecido a capanga em algum lugar do aeroporto, e disse: "Precisamos voltar, esqueci minha capanga".

Fomos até o local de "achados e perdidos" e lá estava a capanga. Foi engraçado ver como ele manteve a calma, mesmo sabendo que ali estavam seus documentos, passaporte e algumas coisas de valor.

Um outra vez, estávamos no mesmo aeroporto, quase embarcando e, para variar, o Sussumu não estava achando o seu passaporte. Uma pessoa do grupo perguntou se o passaporte não poderia estar dentro da mala. Ele negou, dizendo que nunca faria isso. "O que vocês estão achando?".

Mesmo assim, abrimos a mala para procurar e lá estava o passaporte! Sorte que ainda não tínhamos despachado as malas.

49 Queijos esquecidos

Em uma convenção supermercadista em Joinville, Santa Catarina, eu havia comprado alguns queijos caros e muito especiais. Ao sairmos para jantar, eu os deixei no frigobar do quarto do hotel onde estávamos hospedados.

Voei mais cedo para São Paulo e chegando me lembrei dos queijos. Liguei para o Sussumu:

— Esqueci os queijos no frigobar do meu quarto. Vou mandar lhe entregar e você traz para São Paulo.

Na semana seguinte, quando nos encontramos em São Paulo, eu perguntei:

— Você trouxe os queijos?

E ele respondeu sem entender:

— Que queijos?

Eu, sem acreditar no que ouvia, respondi:

— Como você esqueceu dos queijos? Eu pedi a você tanto para trazê-los.

Ele, na mesma hora, mudou o semblante e disse:

— É mesmo!!! E não é que eu esqueci?

Resumo da história, fiquei sem os meus queijos!

50 Aniversário de 40 anos da Ticket em Paris

No último ano do meu mandato como presidente da ABRAS, a Associação Brasileira de Supermercados, isso em 2006, um grande grupo empresarial francês, o grupo Accor, nos convidou para a festa de seus 40 anos que seria comemorada em Paris no ano seguinte.

Eles só convidaram duas pessoas do Brasil, o presidente da ABRAS e o ministro, Arnaldo Prieto.

Eu aceitei o convite, porém avisei que no ano seguinte já não seria eu o presidente da ABRAS, e sim o Sussumu Honda, pois eu sairia do posto no final daquele ano.

Chegada à ocasião do evento, quem foi a Paris foi o Sussumu, acompanhado da esposa, representando a ABRAS, chegando quatro dias antes para curtir um pouco a capital da luz.

A empresa anfitriã pagou por todas as despesas da viagem, hotel cinco estrelas e passagens executivas.

Somente o ministro e ele representariam o Brasil no aniversário de 40 anos da empresa, portanto, era realmente um evento muito exclusivo e importante para todos.

No suposto dia do evento, o Sussumu chegou ao local com a esposa e estava tudo muito calmo por lá, não havia ninguém no local. Ele achou estranho e perguntou a um segurança:

— Você sabe algo sobre o evento do Grupo Accor, que seria aqui?.

Para sua surpresa, o segurança respondeu:

— Ah sim, foi ontem.

Ele descobriu que havia trocado o dia do evento. Como tinha chegado a Paris dias antes, se confundiu sobre a data. Fico imaginando o que pensou o presidente da empresa que pagou por todas as despesas para ter dois representantes exclusivos do Brasil na festa.

51 Discurso atrapalhado

Em um evento do nosso setor, um supermercadista de idade avançada, simples e com pouco estudo, foi fazer um discurso.

Só que alguém teve a ideia de colocar um telão onde aparecia a imagem dele e, embaixo, enquanto ele falava, aparecia o seu discurso gravado antecipadamente, como se fosse uma legenda.

A situação complicou, pois ele falava tudo diferente do que estava escrito. Ele trocava as coisas de uma maneira que era muito difícil entender, mesmo lendo na tela.

Talvez a pessoa que teve a ideia da legenda quis ajudar e colocou ali para facilitar. Mas além dele falar com dificuldade, ele acabava se atrapalhando ainda mais ao tentar ler. A situação foi ficando cada vez mais complicada — e até divertida. Mesmo não o conhecendo, fiquei um pouco constrangido por ele.

52 Quando ele morrer, me avisa

O folclórico e muito conhecido Mamede Paes Mendonça — dono de uma das redes pioneiras do setor supermercadista do Brasil, a baiana Paes Mendonça, com lojas também em São Paulo e no Rio de Janeiro — gostava bastante de atender e comprar pessoalmente os produtos para a sua empresa. Viajava muito para o Rio de Janeiro e comprava arroz de um primo meu, assim como esse meu primo ia muitas vezes até a Bahia para fazer a venda.

Em um evento do setor, o Mamede teve a oportunidade de conhecer o tio desse meu primo, um senhor com uma certa idade — que na verdade seria meu tio-avô — e eles acabaram ficando muito amigos.

Um mês depois, meu primo foi vender arroz lá na Bahia para o Mamede. Assim que ele chegou, o Mamede disse:

— Nossa! Gostei muito do seu tio! Muito mesmo! Quando ele morrer, você me avisa pois eu faço questão de ir ao seu velório.

Essa frase pegou todos de surpresa, ainda mais porque eles tinham quase a mesma idade, então, não esperávamos que ele fosse tão direto ao ponto.

53 Nem brasileiro e nem americano

Meu tio, o Don Charles Bird que era casado com a irmã do meu pai, era americano e morou com ela muito tempo no Brasil, mas nunca aprendeu a falar direito o português. Falava coisas como: "Nós ter que ir". Com o passar do tempo, foi falando português misturado com inglês; bem como, falando inglês misturado com português.

Eles costumavam viajar cerca de três vezes por ano para os Estados Unidos, afinal, tinham uma residência na Flórida e podiam aproveitar a praia sempre que queriam.

Eu mesmo viajei com eles algumas vezes. Lá, nos Estados Unidos, ele obviamente falava inglês, porém, como já era muito influenciado pelo português, as pessoas não o entendiam direito. Da mesma forma, quando estava no Brasil tinha que falar português, e aqui as pessoas também não o entendiam direito por causa de seu português americanizado. Que situação difícil!

54 Segurança do presidente do Brasil

Viajando a Paris, na segunda metade da década de 1990, quando José Humberto Pires de Araújo era presidente da ABRAS, estávamos em um grupo pequeno de cerca de 20 pessoas, e aproveitávamos o tempo que tínhamos para visitar alguns supermercados.

Naquela época, não era muito comum usar fones de ouvido, e estávamos usando um modelo meio diferente para podermos nos comunicar e, ao mesmo tempo, alguém ir traduzindo as informações recebidas dos gerentes das lojas. Em um dos supermercados, o Ascar juntamente com o José Humberto estavam perguntando ao gerente da loja informações como: média de vendas por cliente, quantidade de itens que operava, quantos funcionários tinham etc.

Todos os participantes do grupo usavam os fones de ouvido para acompanhar a visita e as informações, assim, poderiam transitar pela loja, verificar a variedade de produtos e conhecer as novidades sem perder nada do que estava sendo dito.

Só que as pessoas viram aquele grupo de brasileiros entrando, usando crachás de identificação e fones de ouvido e, curiosos, vieram nos questionar:

— Vocês são seguranças daquele senhor grande (era o José Humberto), que está com mais pessoas em volta? Ele é o presidente do Brasil?

E como não perdíamos a oportunidade de entrar numa brincadeira, confirmamos:

— Sim, nós somos seguranças e aquele é o presidente do Brasil.

Realmente, como o grupo era de cerca de 20 pessoas, poderia, teoricamente, ser o presidente da república e estar acompanhado de sua comitiva e dos seus seguranças.

O que chama atenção é a ingenuidade dos funcionários ao imaginarem que o presidente do Brasil estaria visitando um supermercado com seguranças.

55 Cachorro no supermercado

Na época em que eu era diretor de operações de lojas da rede gaúcha Supermercado Real, isso há uns 30 anos, fui fazer uma visita a um supermercado da nossa rede e vi um cliente entrando com um cachorro.

Como isso não é permitido hoje e nem era na época, por questões de higiene, eu pedi para um segurança que estava por perto que, com toda educação, fosse lá e falasse para o cliente que ele não poderia entrar com o cachorro, pois perante a lei não é permitida a entrada de animais em qualquer estabelecimento onde vendam produtos alimentícios. O segurança assim o fez e o cliente, na maior tranquilidade, olhou para o cachorro e disse:

— Olha, o meu cachorro não vai dar problema nenhum. Ele é um cachorro inteligente, aliás, acho que mais inteligente do que você.

Ficamos espantados com a resposta rude do senhor e sem acreditar no que havíamos acabado de escutar. Após muita conversa, ele nos entendeu e, no final, eu e o pessoal da rede rimos sobre o assunto e a forma como a resposta dele nos pegou de surpresa.

56 Janela basculante

Nessa mesma época, em uma de nossas lojas, havia uma rampa na entrada com um aclive mínimo e uns vidros basculantes abertos logo acima.

Certo dia, um cliente que estava subindo a rampa bateu com a cabeça no basculante e veio reclamar. Eu estava na loja conversando com o gerente, quando chega o cliente e diz:

"É um absurdo! Vou entrar com uma ação contra vocês. Acabei de bater a cabeça no vidro, deveriam colocar ele mais para cima ou deixar aberto naquele local".

O gerente logo se pronunciou, pediu para o senhor ficar calmo e disse:

— Senhor, temos que deixar a janela sempre aberta. O que a gente pode fazer sobre isso?

O cliente irritado continuou:

— Vocês deveriam informar sobre a janela basculante. Isso é um absurdo!

O gerente questionou:

— Mas o senhor quer que a gente coloque um cartaz que diga para tomar cuidado para não bater com a cabeça no basculante?

E ele disse:

— É, eu acho que é melhor vocês fazerem isso mesmo. Vocês deveriam botar um cartaz escrito: "Cuidado quando a janela estiver aberta, para não bater a cabeça."

Achamos o ocorrido muito engraçado e jamais esperávamos ouvir aquilo algum dia. É claro que não pusemos esse cartaz.

57 Perrengue no avião

Há alguns anos, eu estava viajando entre cidades nos Estados Unidos, junto com vários outros supermercadistas, para uma convenção de supermercados organizada pelo Food Marketing Institute (FMI).

Nesse grupo de pessoas, tinha o dono de uma rede de supermercados que não falava nada de inglês. Nisso, quando estávamos no avião, a aeromoça passou pelo corredor, parou nele e perguntou algo, só que ele não respondeu nada. Quando ela passou por mim e outro colega, nós pedimos refrigerante e água. Ele percebeu, então, o que ela tinha oferecido a ele, algo para comer e beber. Ele, então, chamou a aeromoça de volta fazendo sinais com as mãos. Quando ela chegou perto, ele disse:

— Água. (em português).

Ela respondeu:

— *Excuse me*?

E ele repetiu:

— Áááááágua.

Ela ficou sem entender, enquanto ele repetiu várias vezes. Cada vez que ela perguntava o que era, ele falava mais devagar para ela entender, só que como ela não falava português nunca iria entender o que ele estava pedindo.

Eu e meu colega, observando a cena e rindo bastante com o que estava acontecendo, fomos até lá ajudar. Foi aí, então, que ela entendeu o que ele estava pedindo, mas em outro idioma que não o dela.

58 Bar sem bebida

Uma vez eu e o Zé Humberto, também ex-presidente da Abras, estávamos em Singapura indo para um evento na cidade de Kuala Lumpur.

Após o evento, quando faltavam algumas horas para pegarmos o nosso voo de volta, decidimos sentar num bar no aeroporto para beber algo. Foi então que pedimos um vinho para o garçom e ele disse:

— Não temos vinho.

Então, decidimos pedir uma cerveja e ele respondeu:

— Também não temos cerveja.

Nós, querendo saber, então, qual bebida eles tinham naquele bar e o porquê de não ter as que pedimos, perguntamos:

— Por que vocês não têm?

E ele respondeu:

— Nós não vendemos mais bebidas alcoólicas.

Ficamos sem entender o que estava acontecendo e questionamos:

— Como assim? Vocês são um bar e não vendem bebidas alcoólicas?

E para nossa surpresa a resposta foi:

— Sim. Faz pouco mais de um mês que um árabe comprou o bar e ele não nos permite mais vender bebida alcoólica.

Isso foi a coisa mais hilária que já nos aconteceu: fomos num bar que não vendia bebida alcoólica. E vejam, não estávamos em nenhum país islâmico. Definitivamente, foi um ocorrido de que vamos sempre lembrar e rir juntos.

59 Man or woman

Em uma viagem aos Estados Unidos, lá pelos anos de 1980. Estava eu no *hall* do hotel com um grupo de executivos, quando um dos colegas avisou que iria ao *toilette*, que ficava no final do corredor. Não tínhamos visão das portas, pois o corredor tinha uma curva à direita. Ficamos de olho, pois esse colega não conhecia muito de inglês, basicamente, não conhecia quase nada, mas sabia que homem era *man* e que mulher era *woman*, e assim foi ao *toilette*.

Passados cerca de dez minutos, ele não voltava e, então, fomos até lá para ver o que estava acontecendo.

Ele estava ainda parado em frente às portas. Então, perguntamos o que ele estava fazendo ali parado. Ele respondeu:

— Ué, está escrito nas portas palavras diferentes de *man* e *woman*, assim estou esperando para ver se sai um homem ou uma mulher de algum lugar para eu saber onde devo entrar.

Nas portas estava escrito *gentleman* e *lady*, e ele não foi capaz de adivinhar onde deveria entrar.

Impressionante como, naquela época, quase ninguém sabia nada de inglês nas nossas viagens, e as situações cômicas eram comuns. Muito diferente dos dias de hoje.

Quando revia essa matéria do João Carlos, eu, Ascar, lembrei de algo divertido que ocorreu comigo nessa mesma década. No Texas, numa convenção, eu era basicamente o tradutor dos colegas e um empresário do nordeste queria comprar um para-lama de Mustang e me pediu para acompanhá-lo, pois não falava inglês. Não entendia como ele iria levar o para-lama, mas fui com ele. Compramos a peça enorme em uma revendedora, que a entregaria no hotel.

Nos dias seguintes, eu sempre evitava encontrá-lo, para não sobrar para mim o problema do transporte.

Nunca me esqueci desse evento, bem como não sei, até hoje, como ele resolveu o transporte do para-lama para o Brasil.

60 Duas vezes certo

Durante a época dos "secos e molhados" das mercearias, que antecederam os supermercados, nós, da rede Real, acabamos nos tornando o maior atacadista da região Sul, na década de 40. Depois fomos a maior rede supermercadista. Naquela época, as negociações eram mais morosas e pessoais.

Nessa época, o irmão do meu avô Joaquim era da área comercial da empresa e tinha uma relação muito próxima com todos os vendedores da região — afinal as negociações eram mais morosas e mais pessoais.

Um belo dia, ele estava conversando por telefone com um desses vendedores e um dos meus tios, que estava perto escutando toda a conversa, esperou ele terminar e disse:

— Olha, esse vendedor que você ficou conversando só enrola e inventa, todo mundo sabe disso. E você ficou quase uma hora perdendo tempo falando com ele.

E meu tio-avô respondeu:

— Olha, sobrinho, você pode não saber, mas até um relógio parado duas vezes ao dia está certo.

A conclusão é que até uma pessoa considerada teoricamente inútil, pode ser útil. Logo, até as pessoas que ninguém acredita no que falam podem ter alguma informação ou conhecimento relevante que pode ser útil.

61 Bolinha de gude

Na época do comércio de "secos e molhados", as lojas eram chamadas de mercearias, e ainda não existia *marketing* e nem promoções; e a linha de produtos, a variedade e o sortimento eram muito reduzidos.

Um belo dia, um vendedor passou pelo nosso mercado oferecendo um tonel cheio de inúmeras bolinhas de gude. Meu avô, sem hesitar, comprou todas as centenas de bolinhas; e nós ficamos sem entender o propósito da compra, mas não questionamos.

Passados uns 30 dias, meu avô tentou entrar em contato com o vendedor, mas não obteve nenhum sucesso. E como se não bastasse, ainda na tentativa de falar com ele, meu avô começou a deixar recados em outras lojas que provavelmente o vendedor passaria para oferecer suas bolinhas de gude.

Sempre que o vendedor passava por alguém e ficava sabendo que meu avô queria falar com ele, ele dizia o seguinte:

— Não quero falar com aquele português, não! Tenho certeza de que ele vai querer devolver aquele tonel de bolinhas e pedir o dinheiro dele de volta, mesmo depois de um mês da compra.

Passou-se um tempo e, enfim, chegou um momento em que eles se encontraram. Meu avô prontamente diz:

— Estava procurando você faz um tempão! Disseram-me que você acha que eu quero devolver todas as bolinhas e pegar meu dinheiro de volta. Mas não é isso! Quero comprar, de novo, outro tonel cheio de bolinhas de gude.

Questionado do porquê de querer tantas bolinhas, se tinha alguma coleção, meu avô contou sua estratégia: Naquela época, não havia promoções e a variedade de marcas e produtos era limitada, como anteriormente já disse. Para se destacar de seus concorrentes, ele começou a colocar em seus pacotes de café duas bolinhas de gude como brinde. Imediatamente, todas as crianças e adolescentes chegavam nas mães e falavam:

— Mãe, compra o café que tem as bolinhas de gude, por favor!

Essa estratégia fez com que as vendas do café dele estourassem e se destacassem dos demais mercados que ofereciam o mesmo produto. Foi um golpe de mestre.

62 Uma m... de resultado

Durante a década de 1970, um tio meu era o diretor de operações de nossa rede, o Real de Porto Alegre. Num determinado ano, o balanço semestral da empresa foi muito ruim, com muitas lojas dando prejuízo.

Fizemos, então, uma reunião com todos os gerentes das lojas que tiveram um mau resultado; e das 70 lojas que existiam, 30 gerentes foram convocados.

Meu tio, então, começou a reunião dizendo:

— Aqui nós temos dois grupos de lojas: as lojas que tiveram resultado de merda e as lojas que tiveram uma merda de resultado.

Todos ficaram surpresos com a afirmação; mas ele mostrou como é possível falar a mesma coisa, porém de forma diferente.

63 Ham and eggs

Certa vez, uma prima, que trabalhava conosco nos supermercados Real de Porto Alegre, estava indo participar da feira do Food Marketing Institute (FMI), nos Estados Unidos, e como ela não falava inglês, estava bem preocupada com isso. Conversou muito com o pai dela, pois achava que não conseguiria ficar bem na viagem por conta disso:

O pai dela na tentativa de ajudar disse:

— Não tem problema, você fica junto das pessoas e faça o que elas fizerem.

E ela questionou:

— Ah, mas e se eu me perder ou não conseguir nem sequer pedir comida?

E ele respondeu:

— Você não gosta de comer ovo?

Ela sem entender nada, disse:

— Claro, gosto.

Então, ele falou:

— Caso você fique sozinha no café da manhã ou almoço, é só falar rápido "Não me negues" e eles darão ovo e presunto para você comer; e você não vai passar fome.

Ficamos todos sem entender e demos muita risada ao imaginar a situação. Se pensar bem, a pronúncia parece muito com *ham and eggs*.

64 Cachorro-quente

Dois primos do meu pai estavam na cidade de Pelotas, no Rio Grande do Sul, e queriam parar para comer algo. Nisso, avistaram uma lanchonete que tinha um cachorro-quente gigante e decidiram parar para comer.

Um deles era muito guloso e gostava de comer bastante. Quando chegaram no lugar, o outro primo pediu:

— Por favor, me vê dois cachorros-quentes e dois refrigerantes.

E o primo guloso completou:

— Para mim também.

O mais hilário de tudo é que na verdade ele já estava pedindo os lanches para os dois; e o guloso achou que eram dois cachorros-quentes e dois refrigerantes para cada um.

65 Nunca mais

Tempos atrás, o dia de menor movimento nos supermercados sempre era na segunda-feira de Carnaval. Como essa data comemorativa cai geralmente em fevereiro, em Porto Alegre, é uma época de muito calor em que todo mundo costuma estar na praia.

Não havia quase ninguém na cidade, até mesmo grande parte da polícia tira férias ou folga.

Nessa época, tínhamos na cidade uma loja pequena, num bairro residencial, e em uma dessas segundas-feiras a loja foi assaltada.

Os assaltantes pegaram todo o dinheiro dos caixas, mas como o movimento foi muito fraco naquele dia, havia pouco dinheiro na loja. Os ladrões irritados falaram:

— Quem é o gerente?

O gerente logo apareceu e disse que era ele. O ladrão, então, disse:

— Essa loja é muito muquirana! Nunca mais vamos voltar para roubar vocês, porque quase não tem dinheiro aqui. Um absurdo!

E logo em seguida, saíram da loja. Todos ficaram pasmos com isso, pois ninguém esperava uma reação dessas dos assaltantes.

66 Os fiscais do Sarney

Na época do plano Cruzado, em 1986, que foi um conjunto de medidas econômicas lançado pelo presidente José Sarney e seu ministro Dilson Funaro, aconteceu ao mesmo tempo algo sério e hilário em um de nossos hipermercados.

O nosso gerente era um português com sotaque bem carregado e que já tinha uma certa idade.

Naquela época, o governo criou os fiscais do Sarney que iam para as lojas, sem nenhum preparo técnico, conferir preços e outras coisas mais; e até fechavam muitos supermercados.

Um belo dia, estávamos trabalhando quando uma moça adentra a loja, com uma lata de leite condensado na mão, e grita:

— O preço disso aqui tá errado!

O gerente assustado responde:

— Calma, moça. Vamos resolver isso.

E ela diz:

— O que você está falando? Você nem é brasileiro, você merece voltar para o seu país! — e arremessou a lata no gerente, que conseguiu esquivar-se rapidamente a tempo de não se machucar.

A verdade é que os supermercadistas sofreram muito nessa época com os chamados "fiscais do Sarney", ao estimular os clientes a fazerem esse tipo de grosseria.

67 Que horas "ser" agora?

Meu tio, o americano Don Charles Bird, era casado com uma irmã do meu pai, e foi um dos fundadores da ABRAS; bem como foi também um dos fundadores e o primeiro presidente da Associação Gaúcha de Supermercados (AGAS). Ele era cerca de 15 anos mais velho que meu pai.

Em nosso escritório em Porto Alegre, os fornecedores e a maioria dos funcionários o chamavam de *Mister*, por ser americano.

Certo dia, em um desses cafezinhos matinais, antes de começar o horário de trabalho no escritório, meu tio perguntou para um dos fornecedores, com bastante sotaque – afinal, mesmo estando muito tempo no Brasil, ele ainda falava o português bem enrolado:

– Que horas "ser" agora?

O fornecedor, que era muito puxa-saco e para agradar meu tio, respondeu:

– *Mr*. Bird, que horas o senhor quer que seja agora?

Todo mundo caiu na risada, afinal entenderam a brincadeira dele em responder fazendo outra pergunta para agradá-lo.

68 Sapato apertado

Uma vez um conhecido estava reclamando muito sobre uma pessoa que trabalhava para ele, dizendo:

— Ah, aquele nosso funcionário não está fazendo nada direito. Acho que ele não deveria estar trabalhando aqui. O que a gente vai fazer? Acho que ele tem que ser demitido.

Meu tio, que escutou o desabafo do homem, fez uma analogia, dizendo:

— Olha, quando o sapato está apertado a culpa não é do pé, e sim da cabeça que errou e comprou um número menor.

Ou seja, se o funcionário está assim, muitas vezes, a culpa não é dele, e sim do chefe que não o orientou bem, não liderou bem ou até mesmo não explicou bem suas funções e responsabilidades.

Essa pode ser uma lição para toda a vida.

69 O dorminhoco

Quando eu era vice-presidente da Federasul, a gente fazia reuniões de diretoria toda quarta-feira com, mais ou menos, umas 200 pessoas. Havia presidentes, vice-presidentes e diretores das empresas associadas.

Para começar o evento, havia sempre uma palestra com alguém de fora sobre assuntos diversos; e depois de todas as perguntas e respostas, começava de fato a reunião.

Na sala de reunião, os lugares eram colocados de forma que a mesa da diretoria ficava à frente e várias outras mesas perpendiculares ficavam espalhadas pela sala.

Como eu era vice-presidente, acabava me sentando na frente da mesa da diretoria, de um modo que conseguia ter uma visão geral de todos a nossa volta.

Enquanto a palestra acontecia, reparei que havia um grupo de pessoas mais velhas, deveriam ter por volta de 80 anos. Nesse grupo, havia um diretor nosso e acabei notando que, enquanto o palestrante falava, ele dava umas cochiladas.

Assim que a palestra acabou e as perguntas começaram, esse diretor acordou e fez uma pergunta ao palestrante. O palestrante começou a responder e falar sobre o assunto com bastante detalhe, o que fez com que a resposta durasse uns cinco minutos.

Quando eu olho novamente para a mesa, o diretor que fez a pergunta tinha voltado a dormir antes mesmo de terminar de ouvir a resposta.

O palestrante reparou, mas terminou de responder porque tinham muitas pessoas na sala e fingiu que nada havia acontecido.

Muitos participantes perceberam o ocorrido; e eu vira e mexe me lembro dessa divertida estória.

70 Chefe dos frescos

Quando eu morava em Portugal acabei tendo que me acostumar com palavras e expressões que conhecemos aqui, mas que lá tem um significado diferente do nosso. Algumas das palavras que tive que reaprender o significado foram: "produtos perecíveis" que lá são chamados de "frescos", "gerente" eles chamam de "chefe" e "moleques, guris, crianças de oito ou nove anos" que eles costumam chamar de "putos".

Certo dia, na loja em que eu trabalhava, aconteceu algo muito engraçado. Escutei nos alto-falantes:

— Atenção senhor, chefe dos "frescos", seus "putos" estão aqui lhe aguardando.

Quando eu ouvi, na hora estranhei, mas após um tempo percebi que, na verdade, o que ele estava querendo dizer era que os filhos do gerente estavam aguardando por ele na loja. Levei um susto no momento, mas depois dei muita risada com o ocorrido.

71 Cliente "apertado"

Certa vez, um rapaz estava num supermercado fazendo compras e começou a ficar desesperado, com muita vontade de fazer xixi, mas demorou até encontrar o banheiro masculino.

Finalmente quando ele conseguiu fazer xixi, ele suspirou aliviado e balbuciou: — Ah! Não tem coisa melhor no mundo que urinar!!!

Nesse momento, tinha um outro homem no banheiro que acabou respondendo:

— Opa, cara! Ou eu não sei urinar ou você não sabe transar!!

72 Ganhando dinheiro para beber cerveja

Eu e meu amigo Reinaldo, presidente da R&R etiquetas, estávamos em Mineápolis e fomos convidados para assistir ao jogo de beisebol do time da cidade contra o Dallas, do Texas, no camarote de nossos anfitriões da empresa Ecolab. Estávamos lá em um evento organizado pela ABRAS com o suporte e a coordenação da Ecolab, cuja sede era nessa cidade.

Ao chegarmos ao campo de beisebol, eles nos deram alguns vales com bônus de dez dólares para consumirmos.

Em jogos de beisebol é comum as pessoas saírem para comer e beber e depois voltarem para continuar assistindo ao jogo. Então, a gente comprava a cerveja que custava oito dólares e eles nos devolviam dois de troco. O Reinaldo disse surpreso:

— Nossa, é a primeira vez na minha vida que eu compro uma cerveja sem pagar e ainda recebo dois dólares pelo consumo.

E, de fato, estávamos ganhando para beber a cerveja. Rimos bastante do acontecido.

73 Líquido derramado

Durante alguns anos, meu tio foi presidente de uma empresa supermercadista e ele sempre gostava muito de brincar com as pessoas.

Num determinado momento, a empresa dele estava chamando seus maiores fornecedores para renegociar as condições de negociação. E assim estava recebendo vários diretores comerciais de grandes empresas fornecedoras.

Um belo dia, ele viu na sala um copo que tinha dentro dele um líquido decorativo colorido que se virasse o copo, o líquido não caía. Uma espécie de "pegadinha".

Meu tio, então, teve a ideia de combinar com seu diretor comercial uma brincadeira com o pessoal visitante, como se estivesse jogando o líquido neles.

Dito e feito. Sempre que alguém chegava, seu diretor encontrava uma maneira de brincar e atirava o líquido de brincadeira na pessoa. Todos tomavam um susto, mas logo depois caíam na gargalhada.

Em uma dessas vezes, meu tio, para sacanear seu diretor, usou uma lâmina de barbear e retirou a proteção que não deixava o líquido cair.

Quando chegou o representante de uma empresa fornecedora, seu diretor comercial foi fazer de novo a brincadeira e, de fato, derrubou todo o líquido nele.

Todos ficaram meio sem graça. O diretor não sabia onde pôr a cara e pediu mil desculpas pelo ocorrido. Só que ele não era o culpado, e sim meu tio.

74 Juntando pessoas

Durante o período em que fui presidente da Associação Latino-Americana de Supermercado (ALAS) e da GS1 Brasil aconteceram algumas situações curiosas no que diz respeito à importância dos relacionamentos e oportunidades de *networking*.

Um episódio interessante, que reforçou essa ideia da importância nos relacionamentos, ocorreu durante um evento da Abras em Campinas, no Estado de São Paulo, para o qual convidamos dirigentes da ALAS e alguns CEO's da GS1 de outros países, assim como o presidente da Associação de Supermercados do México, Vicente Yañez.

Durante o evento, estava programada uma reunião dos CEO's da GS1, mas o do México optou por não participar dessa reunião para ter tempo de se reunir pessoalmente com Vicente Yañez, representante dos supermercados do México – já que não estava conseguindo falar com ele no México.

Outro episódio curioso ocorreu quando estive na República Dominicana para visitar supermercados locais. No dia seguinte, tinha uma reunião marcada com a CEO da GS1 do país e, assim que me encontrou, ela soube que na minha agenda eu iria fazer visitas com a presidente da associação de supermercados local e perguntou se poderia se juntar a mim para ter a oportunidade de conhecer essa presidente. Como em um país tão pequeno, que divide uma pequena ilha com o Haiti, elas não se conheciam?

Por fim, uma história semelhante ocorreu na Argentina, em que o CEO da GS1 não conhecia o presidente da associação de supermercados local e me pediu ajuda, já que eu era presidente da ALAS, para facilitar esse contato, marcando um almoço para apresentações.

Esses exemplos mostram que, em comparação com outras organizações da América Latina, a GS1 Brasil, além de ser conhecida por ser a responsável pelos códigos de barra nos produtos, se destaca também por construir relacionamentos próximos aos supermercados e as entidades que os representam.

75 Batatas estragadas

Na década de 1930, meu avô Joaquim Oliveira era um grande atacadista e distribuidor de batatas no Rio Grande do Sul. Um dos clientes dele era um varejista do Rio de Janeiro que quase sempre ligava reclamando que as batatas estavam ruins e estragadas, e pedia para pagar menos por conta disso.

Como eles não se conheciam nem pessoalmente e nem por foto, quando meu avô fez uma viagem ao Rio, resolveu visitar a loja dele. Quando lá chegou, preferiu não se apresentar e disse:

— Eu gostaria de comprar batatas, mas queria comprar de uma maneira recorrente. É possível?

O varejista respondeu:

— É sim. Nossa batata é muito boa. Eu tenho um conhecido no Sul que sempre me manda a melhor batata possível.

E o meu avô disse:

— Ah, é? Pois saiba que eu sou esse conhecido! O mesmo que você diz sempre ter problemas com a qualidade e entrega das batatas.

O varejista ficou extremamente sem jeito e envergonhado por sempre ter mentido para que pudesse pagar menos pela compra e pediu desculpas pelo ocorrido.

76 Cadê o band-aid?

Há mais ou menos 30 anos, essa situação aconteceu em um centro de distribuição de carnes. As moças que trabalhavam na parte de produção estavam preparando as almôndegas e os croquetes para serem distribuídos para os supermercados.

Na ocasião, uma das moças acabou cortando o dedo e, na hora, para achar uma solução rápida, ela colocou um band-aid e seguiu trabalhando normalmente.

Ao final do dia, depois de ter feito toda a produção e entrega das almôndegas para vários lugares, a moça estava sem band-aid. E aí veio o questionamento: "Cadê o band-aid?".

Nesse momento, para tentar entender o que poderia ter acontecido, descobriram que, provavelmente, foi junto com alguma almôndega, durante o preparo, para algum supermercado.

Imagine a surpresa quando uma pessoa em sua casa, ao abrir a embalagem de almôndegas ver que recebeu junto um band-aid usado de brinde, ou pior, quando estiver degustando, sentir algo diferente da carne?

Vale lembrar que nesse tempo não havia regulamentação com relação aos cuidados sanitários e, hoje, mais do que nunca, sabemos da importância da vigilância sanitária e das regras de produção, a começar, por exemplo, com a mais óbvia: usar luvas ao manusear qualquer tipo de alimento.

77 Meia melancia

Há uns bons anos, não havia a possibilidade de vender frutas ou legumes cortados, conforme a necessidade do consumidor. Quando foi autorizado vender frutas cortadas, chegou um cliente em uma de nossas lojas e disse:

— Eu gostaria de comprar meia melancia.

O vendedor respondeu:

— Desculpa, mas nós ainda não vendemos meia melancia.

E o cliente insistiu:

— Mas eu quero comprar só meia melancia. É só você cortar no meio e eu levo. Alguns lugares já estão fazendo isso.

E, então, o vendedor disse:

— Lamento, mas aqui nós não fazemos ainda isso.

E o cliente retrucou:

— Mas eu quero meia melancia.

Depois de muito insistir, o vendedor disse:

— Tudo bem, espera um minuto que vou falar com o meu gerente.

E, em seguida, saiu para falar com o gerente em sua sala. Só que ele acabou não reparando que o cliente veio logo atrás dele. O vendedor entrou na sala e disse:

— Senhor, tem um cliente chato aqui querendo comprar meia melancia.

Enquanto ele falava, percebeu de canto de olho que o cliente estava logo atrás dele. Então, completou para tentar disfarçar:

— E tem outro cliente bem agradável que quer comprar a outra metade. O que você acha de vendermos para os dois?

Foi uma situação muito engraçada e difícil, mas o vendedor conseguiu se sair muito bem do enrosco em que ia se metendo.

78 Os dois porquinhos

Há muito tempo, em 1984, quando o João Carlos Paes Mendonça, um sergipano que adotou Recife como sua cidade do coração, era o presidente da Associação Brasileira de Supermercados, aconteceu uma situação hilária durante uma convenção em Recife.

Estávamos hospedados num hotel onde uma modelo muito famosa daquela época, que fazia propaganda de uma marca de jeans muito conhecida, também estava lá hospedada. E todos os dias, pela manhã, ela tomava banho de sol, ali na piscina do hotel.

Um amigo nosso — que foi junto para essa convenção, mas não entendia absolutamente nada de supermercados, e só vendia fermentos porque o pai dele tinha uma padaria e uma criação de porcos para abate — resolveu ir lá puxar papo com a modelo. Só que, nesse exato momento, um dos herdeiros das Casas da Banha, uma rede de supermercados carioca que era a segunda maior do Brasil na época, estava nadando e se intrometeu na conversa do meu amigo com a modelo.

Esse herdeiro chegou dizendo: "Olha, eu sou herdeiro das Casas da Banha". E o meu amigo, que não fazia ideia de que Casas da Banha era uma rede de supermercado famosa, já que o pai dele tinha uma padaria e a criação de porcos, soltou um "Que legal! Meu pai também cria porcos".

A modelo, sabendo que as Casas da Banha era uma mega rede de supermercados, começou a rir para valer. O tal herdeiro das Casas da Banha achou a colocação do meu amigo muito cômica. Afinal, ele percebeu que o cara não sabia nada de supermercados.

E assim, a convenção teve seu momento inusitado, com a presença de uma modelo estilosa, um herdeiro esnobe e até alguns "porquinhos". Foi uma mistura improvável que resultou em risadas inesquecíveis, quando a estória se espalhou.

79 O queridíssimo Arthur Sendas

Quando eu era presidente da ABRAS, no início dos anos 2000, nós estávamos tratando do assunto da regularização dos postos de gasolina nos supermercados.

Nessa época, os supermercados, como, por exemplo, o Carrefour, já tinham começado a colocar postos de gasolina em seus estacionamentos.

Nisso, nós tivemos que ir até o Rio de Janeiro para conversar com o pessoal da Agência Nacional do Petróleo, Gás Natural e Biocombustíveis (ANP), que é o órgão regulador dos postos de gasolina e toda a indústria de petróleo.

Nessa viagem, estavam o Ayrton Fornari, que era o presidente da Associação de Supermercados do Rio de Janeiro (ASSERJ), o Arthur Sendas, que era presidente do conselho da ABRAS e dono de famosa rede supermercadista do Rio, a rede Sendas e eu.

Quando chegamos na ANP, a secretária nos recebeu e perguntou:

— De onde vocês são?

E a gente respondeu:

— Da ABRAS.

Então, ela perguntou os nossos nomes e eu disse:

— Meu nome é João Carlos de Oliveira, sou presidente da ABRAS.

E o Ayrton disse:

— Sou o Ayrton Fornari, presidente da Associação de Supermercados, aqui do Rio de Janeiro.

Quando chegou a vez do Arthur falar, ele disse:

— Sou o Arthur Sendas, presidente do conselho da ABRAS.

Ela na mesma hora parou de anotar e questionou:

— Por favor, repete seu nome.

E ele repetiu:

— Arthur Sendas.

Ela totalmente espantada completou:

— O senhor existe? Eu pensei que o senhor fosse uma lenda!

Não esperávamos essa colocação dela, mas entendemos que como ele era tão conhecido no Rio de Janeiro, as pessoas acabavam achando que ele era uma lenda, porque era uma pessoa de grande importância e influência, mas que a maioria das pessoas nunca havia visto pessoalmente, só ouvido falar sobre ele.

Lamentavelmente nos deixou muito cedo, esse nosso brilhante e queridíssimo colega supermercadista.

That's all folks!

CONHEÇA OUTROS TÍTULOS DO AUTOR ANTONIO CARLOS ASCAR

- **Glossário Ascar de termos supermercadistas (Editora BestPoint)**

Seu primeiro livro, publicado em 2013, e com uma segunda edição em 2017. O Glossário Ascar abrange e padroniza todos os termos usados no ramo supermercadista. Foi desenvolvido a partir de sua experiencia de décadas trabalhando no setor, aprendendo sempre e ensinando sempre que possível.

Conheça todos os termos supermercadista nessa obra rica de detalhes e ensinamentos.

- **Distribuindo as camisas (Editora BestPoint)**

Esse segundo livro, que veio como bônus do primeiro, foca a operação de loja e as principais características do supermercado. Foi escrito principalmente para gerentes de loja, bem como para os pretendentes ao cargo. É técnico, mas fácil de ler; e muito útil a todos os profissionais do ramo. Aborda todas as funções de uma loja, auxiliando muito a tomada de decisões de todos os chefes de seção e dos gerentes.

- **Supermercados no Brasil - Conceitos, história e estórias (Editora Literare Books)**

Essa abrangente obra, publicada em 2021, discorre sobre o início do comércio no mundo, os formatos pioneiros e, principalmente, a criação do revolucionário sistema de vendas em autosserviço e sua mais importante evolução: o supermercado.

Aborda os fatos mais relevantes do setor, década por década, desde o surgimento do primeiro supermercado, em 1953, até os dias atuais — quando está em operação, no mundo, uma infinidade de novos formatos.

A obra destaca os pontos positivos e as características mais importantes do que existe hoje no mercado.

Manter nossa história viva e inspirar empresários e profissionais são desafios que Ascar desempenha com muito conteúdo técnico e muitas informações. Termina trazendo uma enriquecedora visão do futuro deste mundo que ele chama de: "o maravilhoso mundo dos supermercados".